EL FLIP BOOK DE
LA TORRE EIFFEL

Pequeña historia animada de la Torre Eiffel

I

De 1887 à nos jours

Desde 1887 hasta nuestros días

From 1887 to the present

Dal 1887 a oggi

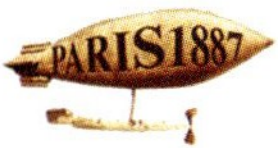

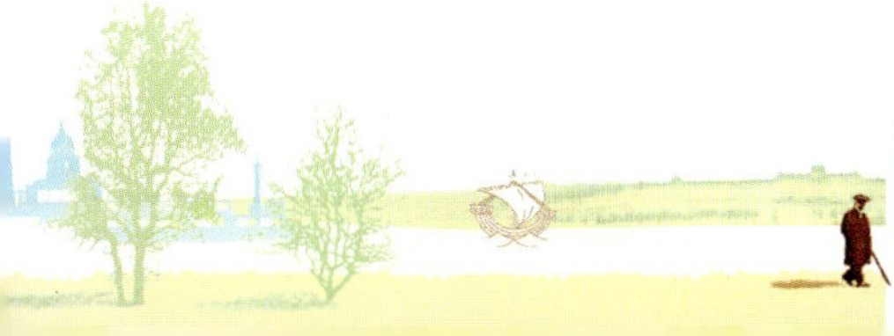

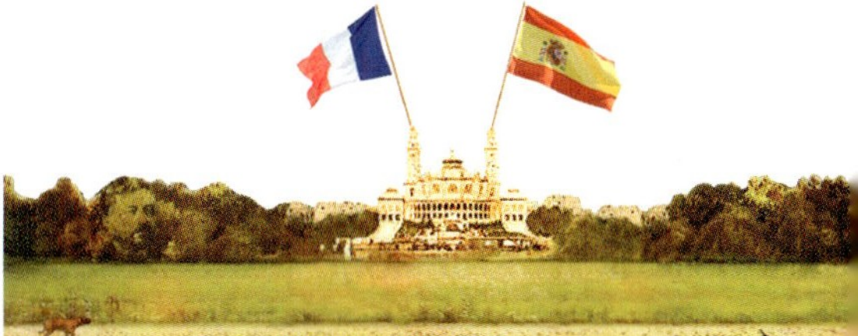

HOLLY ÉDITION PARIS

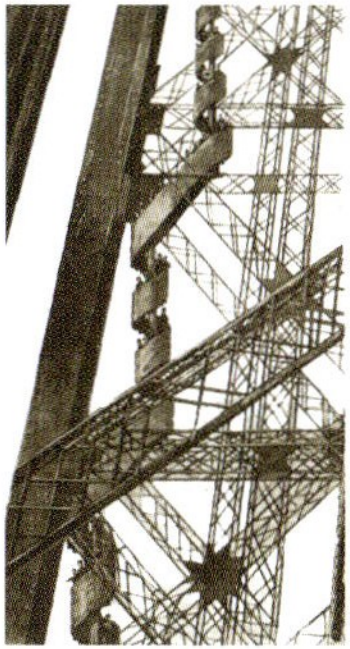

Creation and design :
Concezione e realizzazione : Olivier GAUTIER, Paris
English translation : Alain Gautier,
Sheila Steurmann, Dafydd Apolloni
Versione italiana : Dafydd Apolloni
(Llanrwst, Wales), Silvia Mancini (Roma)
HOLLY EDITION, PARIS - FRANCE
www.hollyedition.com / info@hollyedition.fr
5th Edition, expanded / 5a edizione aumentata
ISBN : 978-2-9534191-5-3
Dépôt légal : 1er trimestre 2020

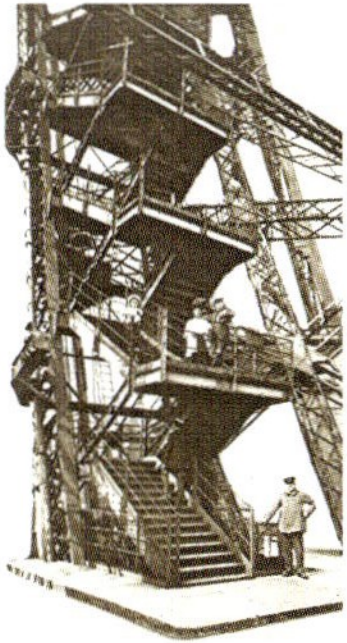

From the same author, in the same collection :
Dello stesso autore, nella stessa collezione :

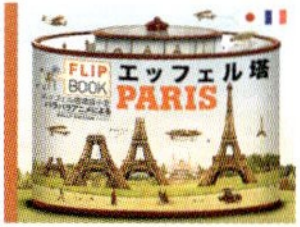

フリップ・ブックエッフェル塔
Le Flip Book de la Tour Eiffel
ISBN 978-2-9534191-6-0

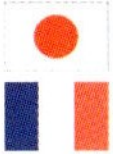

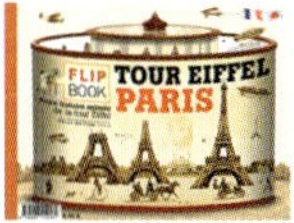

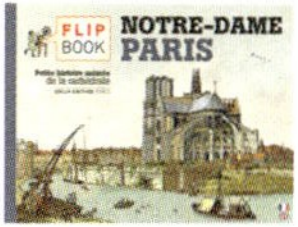

Le Flip Book de Notre-Dame de Paris
The Flip Book of Notre-Dame of Paris
ISBN 978-2-9534191-2-2

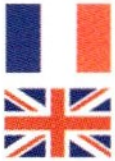

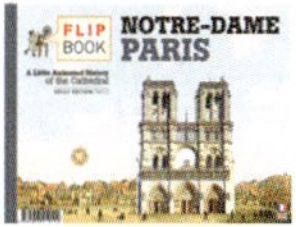

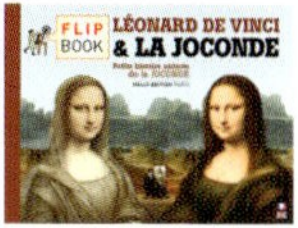

Le Flip Book de la Joconde et de Léonard de Vinci
The Flip Book of Mona Lisa
ISBN 978-2-9534191-4-6

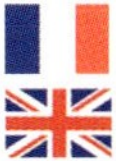

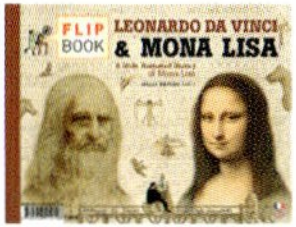

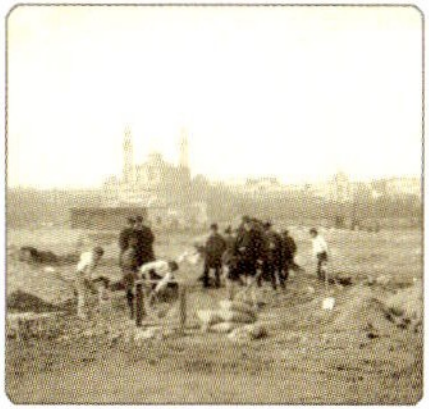

48° 51' 32'' Nord
02° 17' 45'' Est
PARIS, Champ de Mars

48° 51' 32'' Norte
02° 17' 45'' Este
PARÍS, Campo de Marte

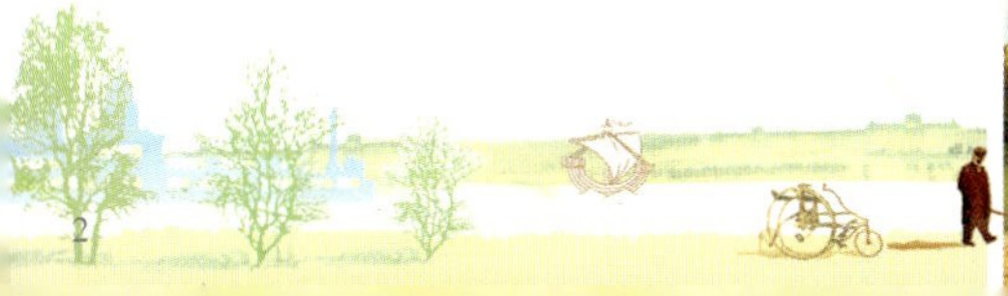

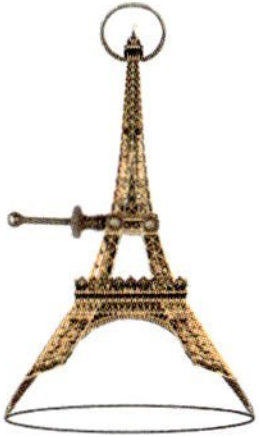

A few words about the author

If you ask Olivier GAUTIER how many times he has vistied the Eiffel Tower, he wouldn't be able to tell you exactly :

"I must have climbed it hundreds of times, and to every floor !"

We must point out that he was as a lift attendant at the tower when he did a summer job there when he was younger.

"The best moment was part of the weekly grind, which involved sweeping the platform on the the third floor early in the morning, before the visitors arrived. It was summer, and I took great pleasure looking down at Paris, armed with my brush and with the beautiful feeling of being at home, on the terrace of one the most celebrated monuments in the world, and which I knew inside out!"#

Some years later I got the idea of creating this little book.

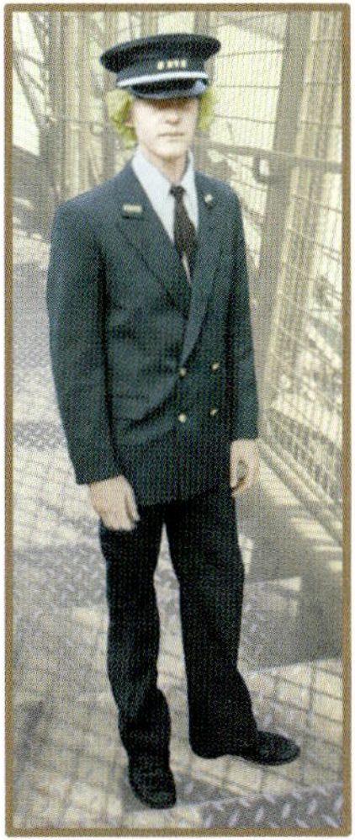

Alcune parole sull'autore

Se dovessimo chiedere a Olivier GAUTIER quante volte ha visitato la Torre Eiffel, non saprebbe risponderci di sicuro :

– Ci sono per forza salito una centiaia di volte, poi su tutti i piani !

Bisogna precisare che abbia fatto l'addetto all'ascensore alla torre, come lavoro estivo, quand'era più giovane.

– Il più bello era il lavoraccio settimanale, che consisteva a scopare la piattaforma del terzo piano, presto la mattina, prima del arrivo dei visitatori. Era l'estate, provavo un piacere intenso a dominare Parigi, munito di mia scopa e con la sensazione squisita di stare a casa mia, sul terrazzo di uno dei monumenti più celebrati al mondo, che conoscevo in tutti i suoi aspetti.

Pochi.anni dopo mi è venuta l'idea di creare questo piccolo libro.

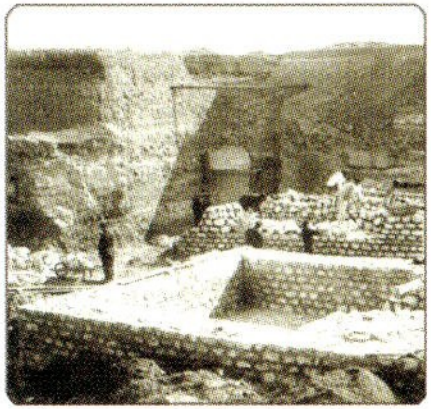

Depuis le mois de janvier 1887, une palissade abrite les travaux de terrassement et de fondations du plus haut monument jamais conçu à ce jour.

Desde enero de 1887, una empalizada acoge los trabajos de excavación y cimentación del monumento más alto jamás concebido hasta la fecha.

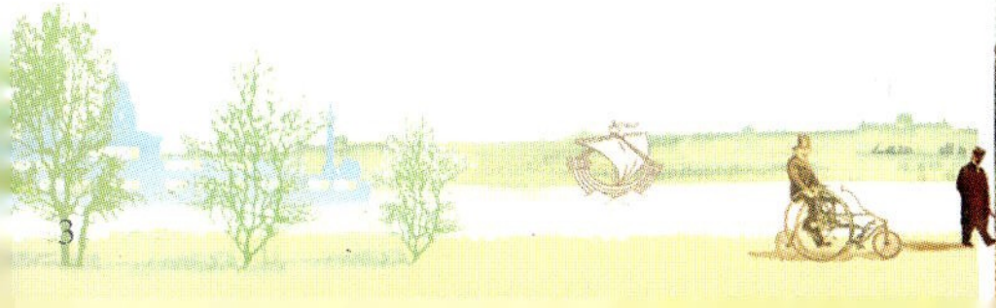

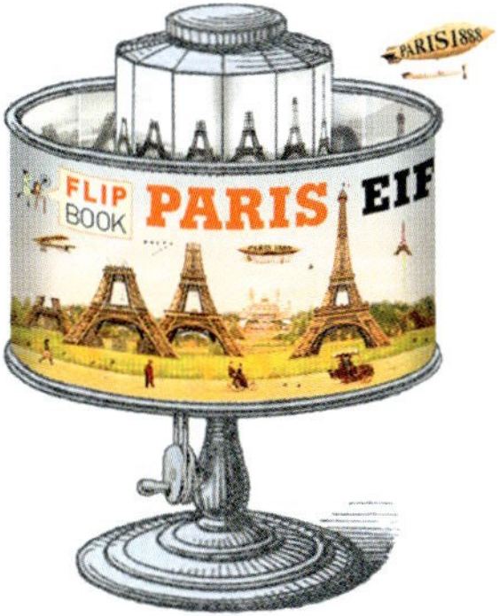

Praxinoscope

The Flip Book

The **flip book**, also known as **folioscope**, **cinograph** or also as **pocket cinema**, made its appearence in the second half of the 19th century. It joined a long list of '**optical games**' invented during this period, and which form a kind of prehistory of cinematography: the **thaumotrope**, the **phenakistiscope**, the **zoetrope**, the **praxinoscope**, etc.

As it very soon became popular, the flip-book spread itself across different forms: advertisement, youth, cartoons, cinema, graphism and humour would take inspiration from this simple and fun process.

The **Praxinoscope** was the inspiration for the cover illustrations.

Il **Prassinoscopio** a ispirato le illustrazioni delle copertine.

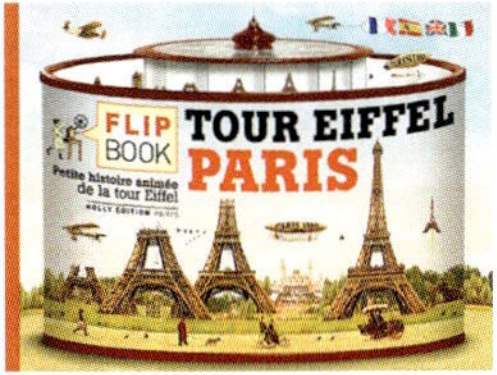

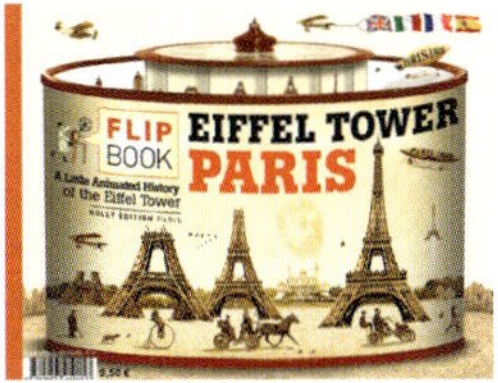

Il Flip Book

Il flip book, chiamato anche **folioscopio**, **chinografo** oppure **cinema tascabile** entra in scena a partire dalla seconda metà del 1800. Fa parte di una lunga lista di 'giocattoli ottici' inventati durante questo periodo, che rappresentano una specie di preistoria cinematografica : il **taumatropio**, il **fenachistoscopio**, lo **zootropio**, il **prassinoscopio** et cetera.

Presto diventato popolare, il flip book si diffonde in diversi modi : pubblicità,gioventù,cartonianimati,cinema,grafismoeumore,tuttisi faranno conquistare da questo procedimento semplice e divertente.

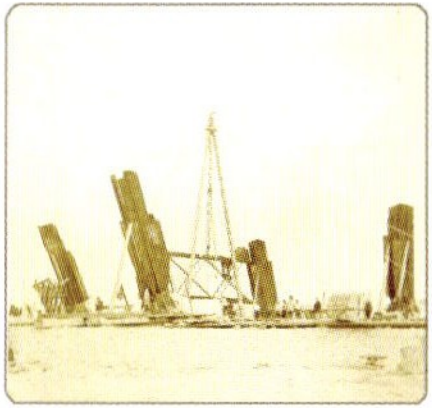

Début Juillet 1887, les Parisiens voient émerger les premières arêtes de fer, dressant leur oblique à l'assaut du ciel.

A principios de julio de 1887, los Parisinos ven emerger, desde el suelo hasta el cielo, las primeras aristas de hierro de la estructura.

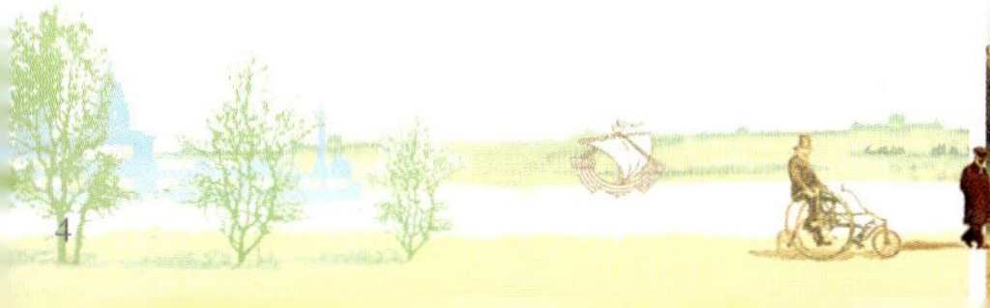

HOW TO USE THIS FLIP BOOK
COME USARE QUESTO FLIP BOOK

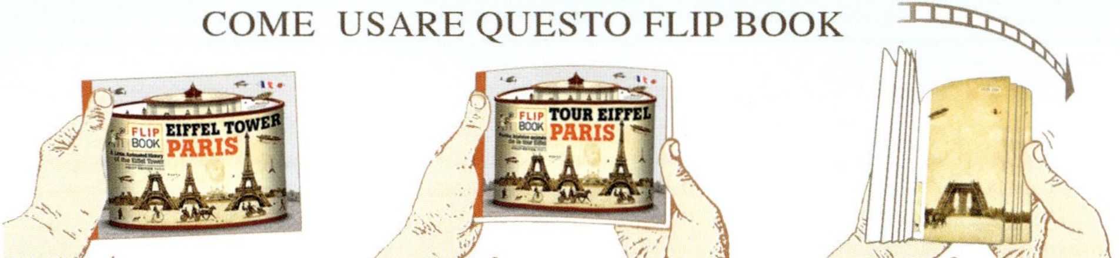

1 2 3

With a little practice you will discover different ways to view the color and sepia animations :
Qualche consiglio per visualizzare le due animazioni…con un po' di pratica:

Fast forward / Avanti veloce — Play / Lettura — Slow / Piano — Pause / Pausa

Reverse (just change hands)
Marcia indietro (invertire mano sinistra e mano destra)

In "normal " mode — No need to hurry !
Leggendo 'normale', — inutile forzare il passo!

Or simply read it like an illustrated storybook adventure,
one page at a time.!

Oppure semplicemente a lettura 'normale",
come un libro d'avventura illustrato !

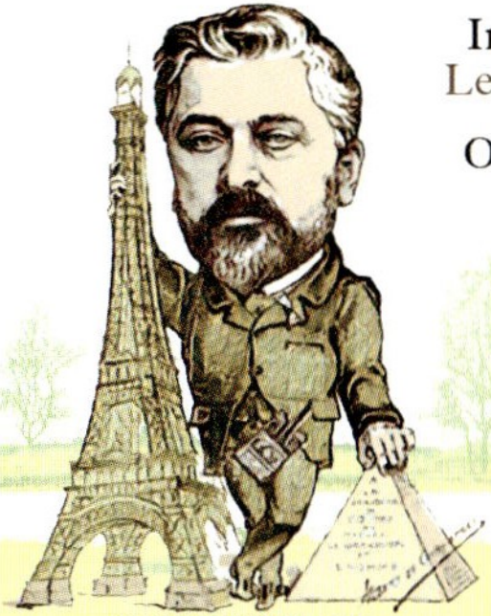

GUSTAVE EIFFEL (1855)

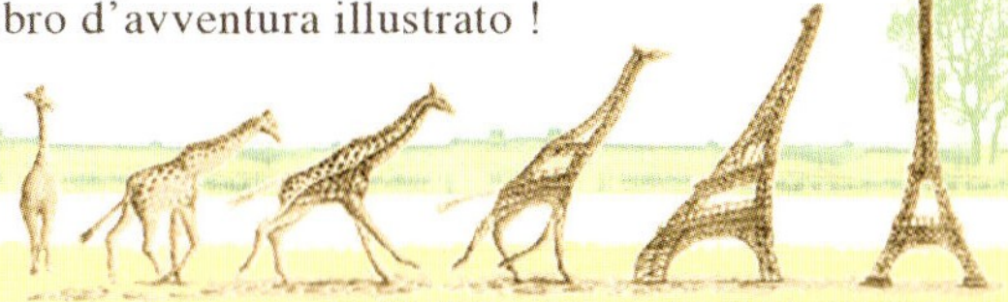

The "Giraffe Tower", drawing from Maurice Koechlin, engineer.
"Torre Giraffa", disegno dal ingegnere Maurice Koechlin

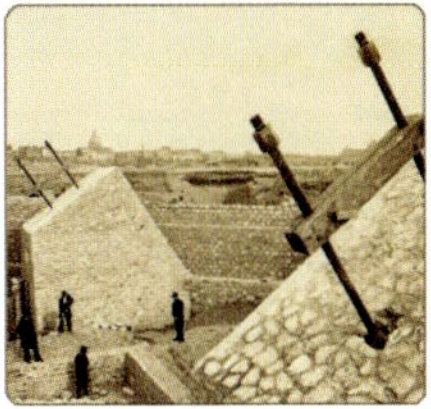

Chaque poutre de départ a été ancrée par d'énormes boulons longs de 7,80 mètres, scellés dans un ouvrage maçonné.

Cada viga ha sido fijada con enormes pernos de 7,80 metros de longitud, selladas durante la obra de construcción.

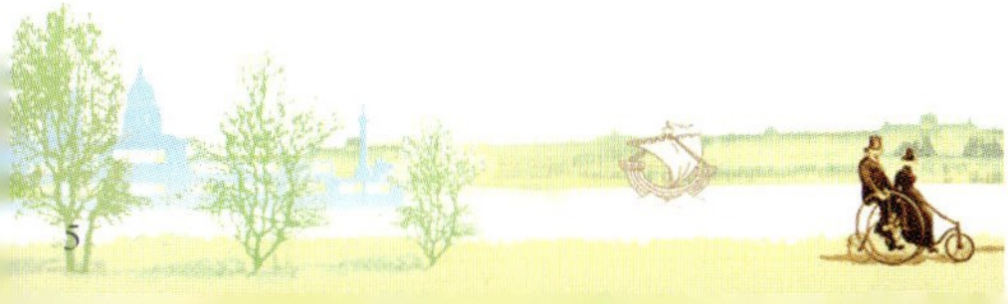

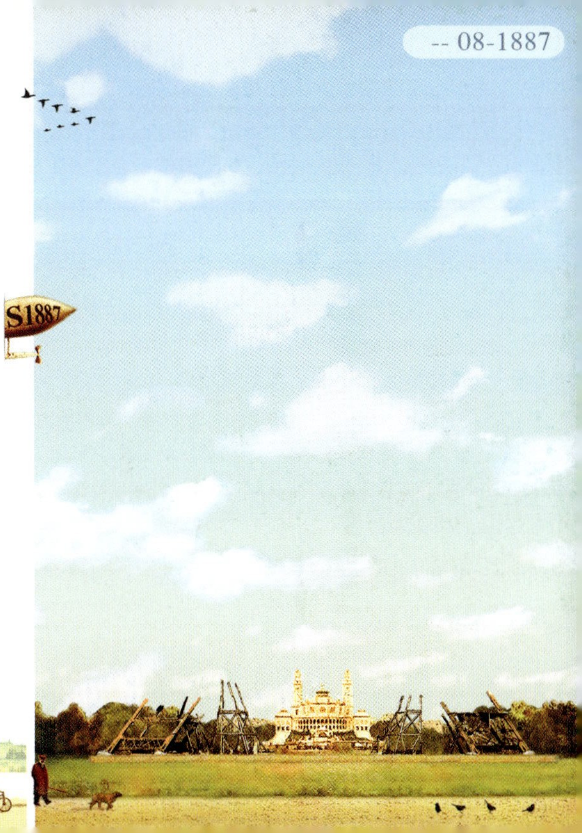

Also present ...
Ugualmente presenti...

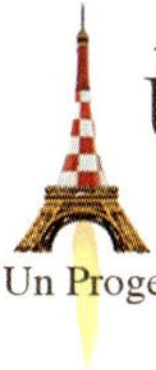

A new NASA project ?
Un Progetto NASA?

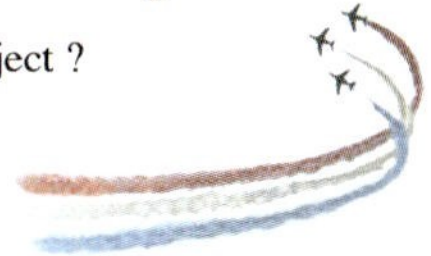

The Patrouille de France
La *Patrouille de France*

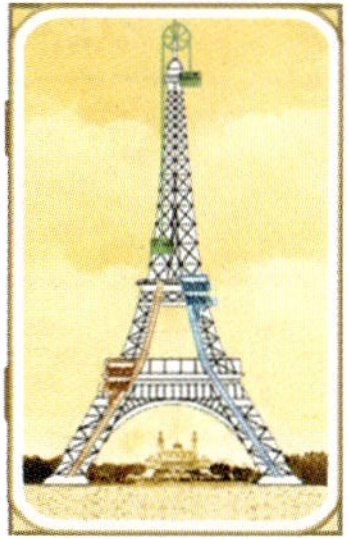

Dancing elevators
Il ballo degli ascensori

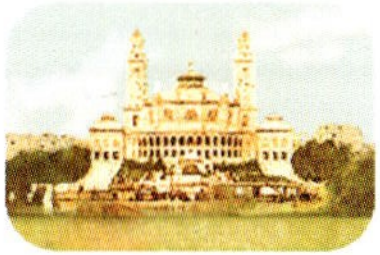

Trocadéro Palace
Il *Palais du Trocadero*
(1878 ✝1937)

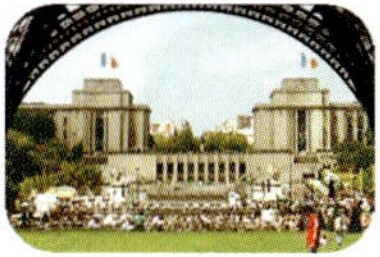

Chaillot Palace(1937)
Il *Palais de Chaillot*

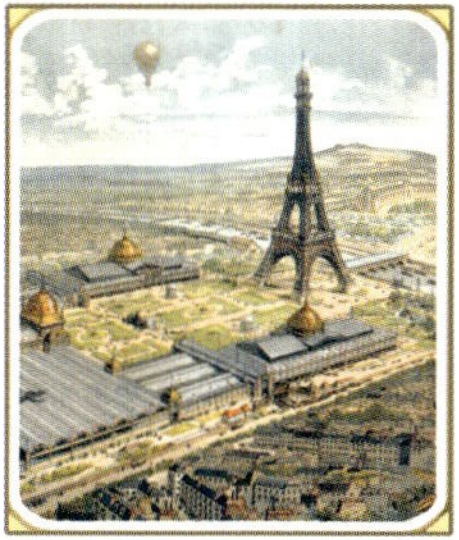

... Archive Images ...
... Immagini d'archivio ...

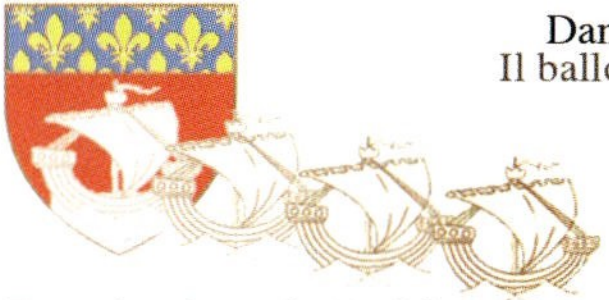

Escaping from the Parisian coat-of-arms
Fuggito dal blasone di Parigi
Fluctuat nec Mergitur!

A *bateau mouche* project (rejected at the first bridge).
Un progetto bateau mouche
(bocciato al primo ponte)

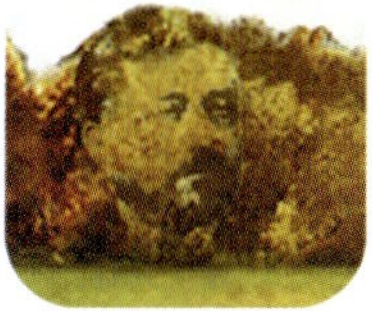

Gustave EIFFEL

Gustave EIFFEL

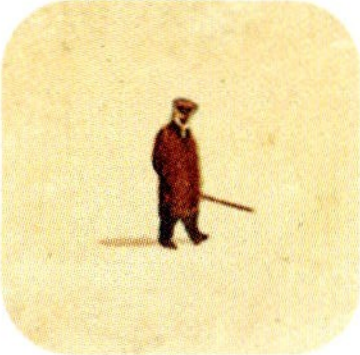

Gustave EIFFEL ?

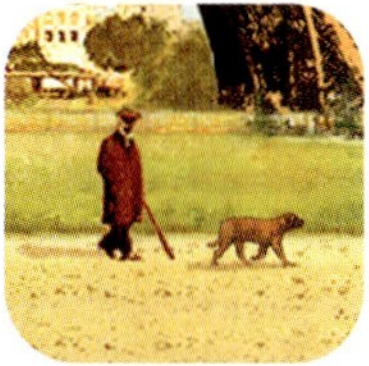

G. EIFFEL and his dog?
... e il suo cane?

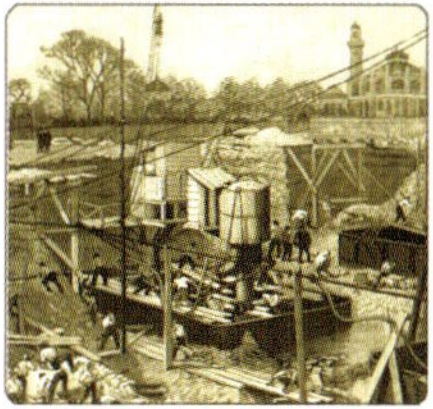

Côté Seine, les fondations ont dû être creusées jusqu'à 15 mètres à l'aide de caissons étanches, pour trouver un sol ferme.

Junto al Sena, los cimientos tuvieron que ser excavados hasta 15 metros con cajones metálicos para encontrar suelo firme.

-- 08-1887

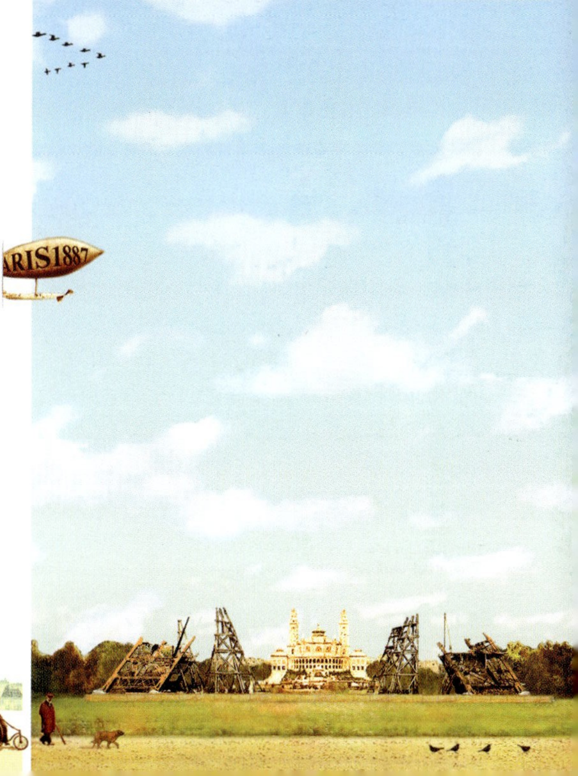

They took part to the shooting… Hanno assistito al film…

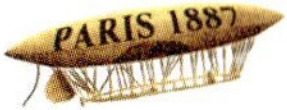

Brazil 6 , the airship flown by **Santos Dumont,** did not fly over the Tower until 1901, when he won the race Saint-Cloud – Paris.
l dirigibile di **Santos-Dumont**, **'Brazil 6'**, che sorvola la Torre solo nel1901, partendo da Saint-Cloud – Parigi, durante una gara che vince.

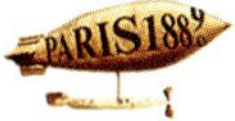

The airship " **Ville de Paris**", en 1906.
Il dirigibile **'Ville de Paris'**, nel 1906.

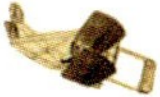

The count of Lambert on board his biplan, the « Wright Flyer », the first « heavier than air » flight over Paris in 1909..
Il conte di Lambert a bordo il suo biplano 'Wright Flyer', il primo volo 'più pesante dell'aria', sopra a Parigi nel 1909.

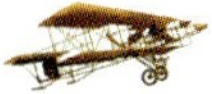

The biplan « Voisin » modified, 1910.
Il biplano 'Voisin' modificato, nel 1910.

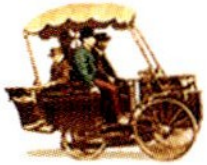

The steam-driven **Marquise Dion-Bouton** won the world's first ever car race in 1887 … Neuilly – Paris !
La **'Marquise'** a vapore di **Dion-Bouton**, vinse la prima corsa mondiale di automobili nel 1887 - la Neuilly – Paris !

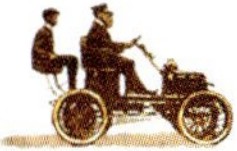

Automotor with rumble seat, Co.Springfield, Mass. 1902.
Automobile con strapuntino, **Automotor Co. Springfield, Mass**. 1902.

Quadricycle, quadracycle, quadrocycle ?..
In short, a strange team, 1886.
Quadriciolo, quattrociclo, quadricicletta?…In breve, una macchina bizzarra con un equipaggio strano, nel 1886.

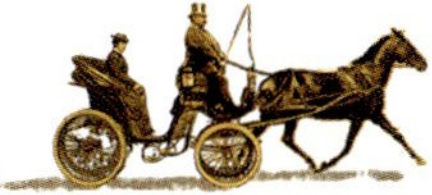

Caleche. Paris, 1900.
Carrozza aperta. Parigi, 1900.

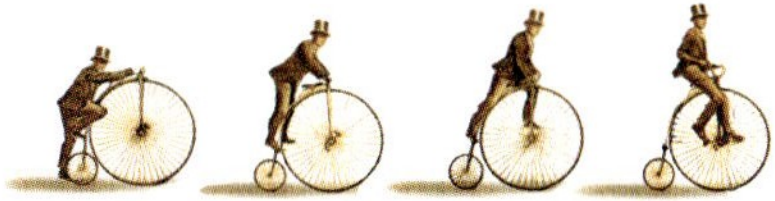

When you finally get to the top of the **grand-bi**, how do you manage to come down again ?
Quando si riesce finalmente ad arrampicarsi sulla **grande Bi**, come si fa per scendere di nuovo?

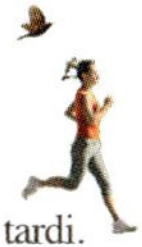

The young girl pushing her hoop in 1887 jogs to the finish line … a century later
La fanciulla col cerchio del 1887 termina la sua corsa **facendo jogging** più di un secolo più tardi.

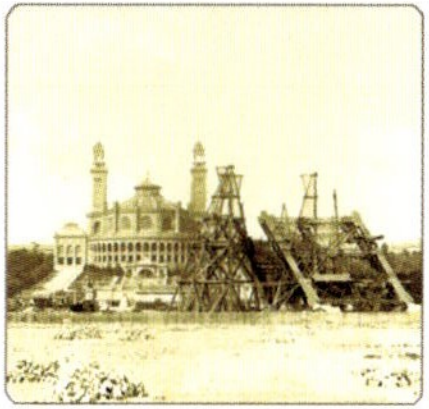

La construction en oblique des quatre piliers distincts obéit à un angle précis qui devra assurer leur jonction à venir au premier niveau.

La construcción en diagonal de cuatro pilares independientes obedece a la necesidad de conseguir un ángulo preciso que garantizará, en el primer nivel, su futura unión.

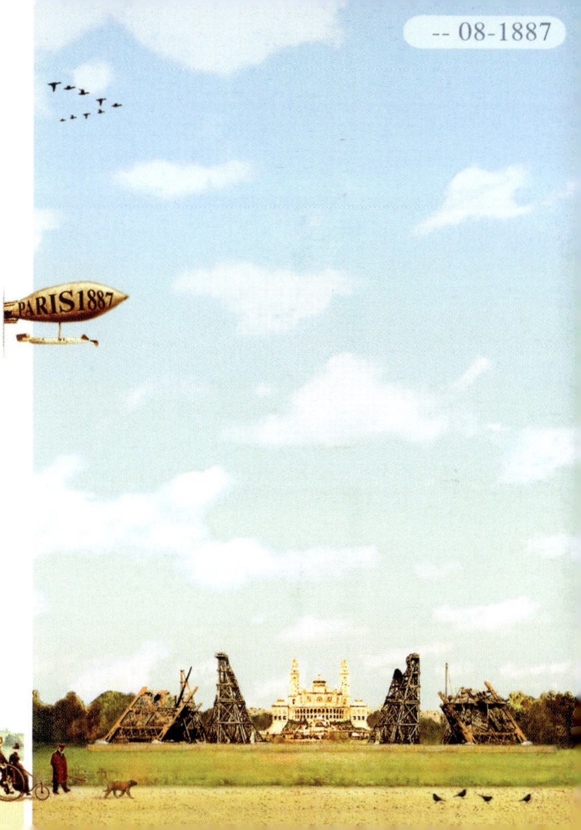

I Costruttori

Gustavo EIFFEL | 1832-1923
Ingegnere | e industriale

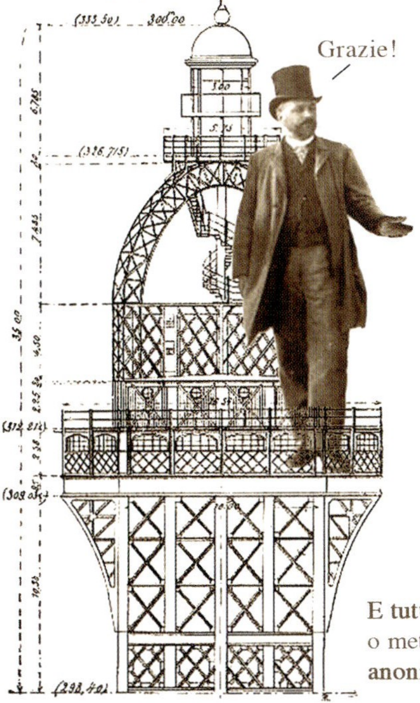

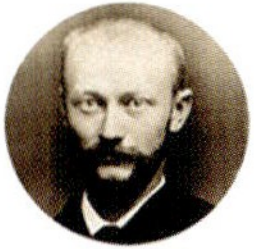

Maurice Koechlin (1856-1946)
Ingegnere franco-svizzero, iniziatore insieme a Nouguier, dell'idea di una torre di 300 metri.

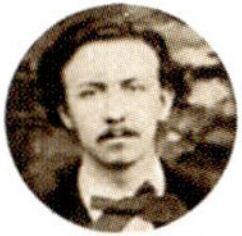

Émile Nouguier (1840-1898)
Secondo ingegnere dell'azienda Eiffel.

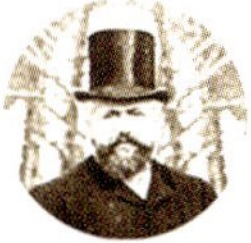

Stephen Sauvestre (1847-1919)
Architetto della Torre.

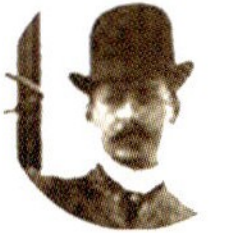

Adolphe Salles (1858-1924)
Ingegnere edile delle miniere, genero e collaboratore prossimo di Gustave Eiffel.

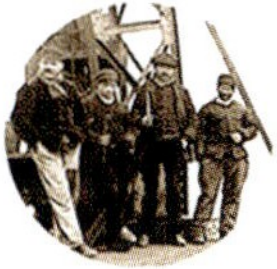

Jean Compagnon (1837-1900) y **Eugène Milon** (1859-1917)
Capocantiere.

E tutti gli altri, acrobati, o ragazzi della terra firma, falegnami o metallurgici, ingegneri, disegnatori e imbianchini…Tutti gli **anonimi** che hanno participato a questa grande avventura.

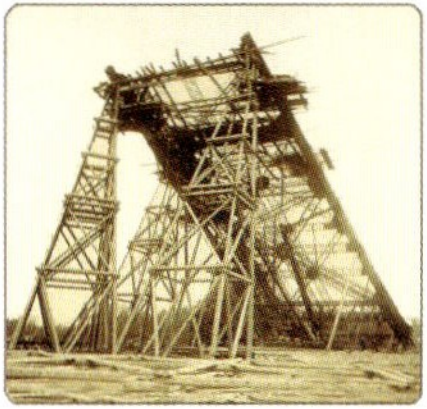

Des structures en bois ont été bâties au pied des arêtes intérieures de chaque pilier. Ces étais devront soutenir les arbalétriers, en porte-à-faux à partir de 26 mètres.

Las estructuras de madera se construyeron al pie de los bordes interiores de cada pilar. La finalidad de estas era sustentar las vigas a un voladizo de más de 26 metros.

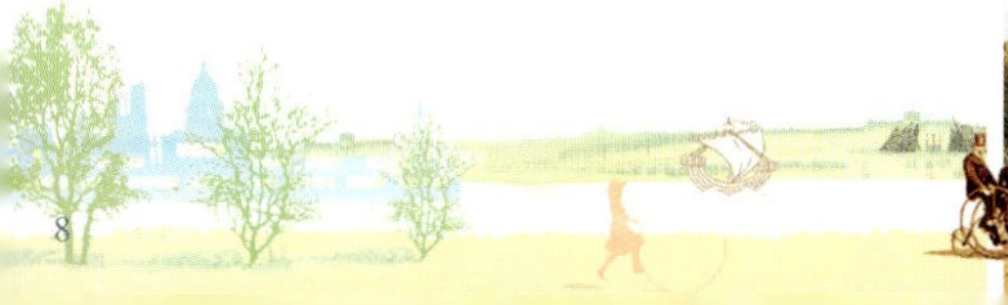

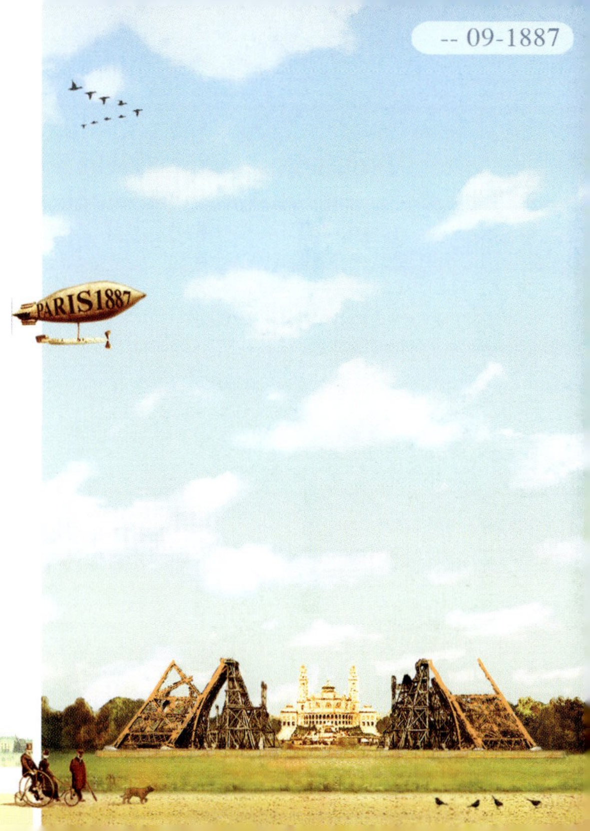

The Builders

Gustave EIFFEL | 1832-1923
Engineer and manufacturer

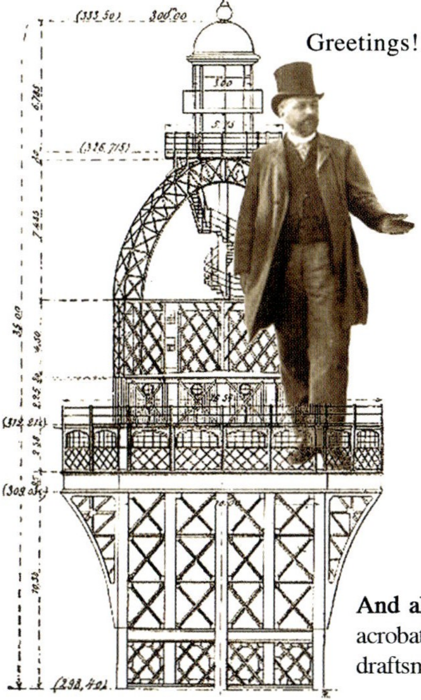

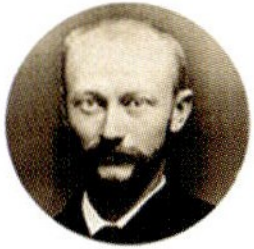

Maurice Koechlin (1856-1946)
Franco-Swiss engineer, together with Nouguier came up with the idea for a 300 meter tower.

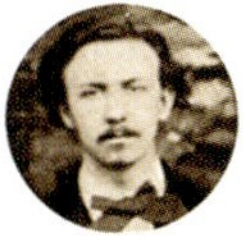

Emile Nouguier (1840-1898)
Second engineer of the Eiffel firm.

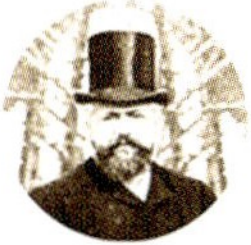

Stephen Sauvestre (1847-1919)
The Tower's architect.

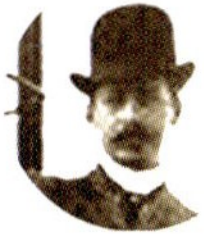

Adolphe Salles (1858-1924)
Civil mining engineer, Eiffel's son-in-law and close collaborator.

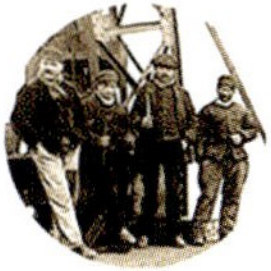

Jean Compagnon (1837-1900) and **Eugène Milon** (1859-1917)
Foremen.

And all the others who took part in this extraordinary adventure, acrobats or dry-land workers, carpenters or metalworkers, engineers, draftsmen, painter and those who wish to remain **'anonymous'**.

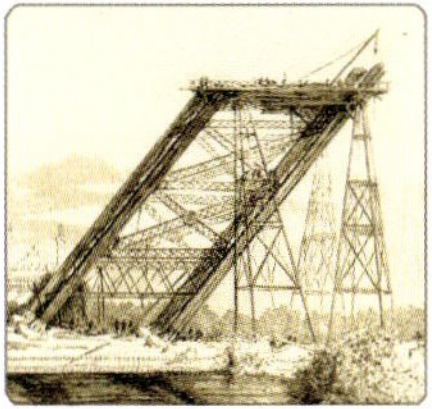

Placées entre les étais et les arbalétriers, des « boîtes à sable » permettront, si nécessaire, un réglage en douceur de l'inflexion des piliers par l'écoulement progressif et maîtrisé du sable.

Situadas entre los extremos y las vigas, unas "cajas de arena" permitirán, si es necesario, un ajuste suave de la inflexión de los pilares mediante el flujo progresivo y controlado de la arena.

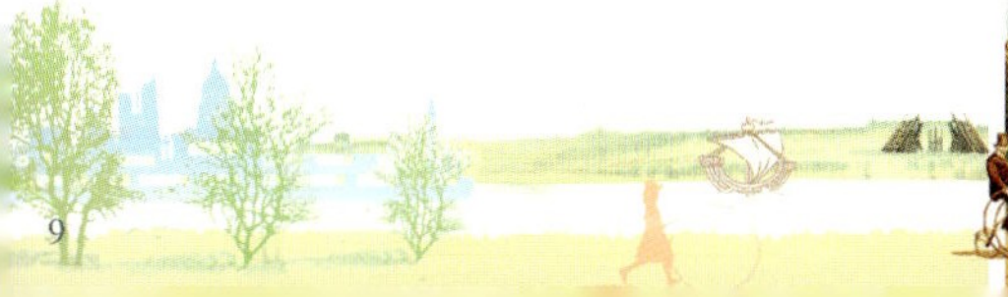

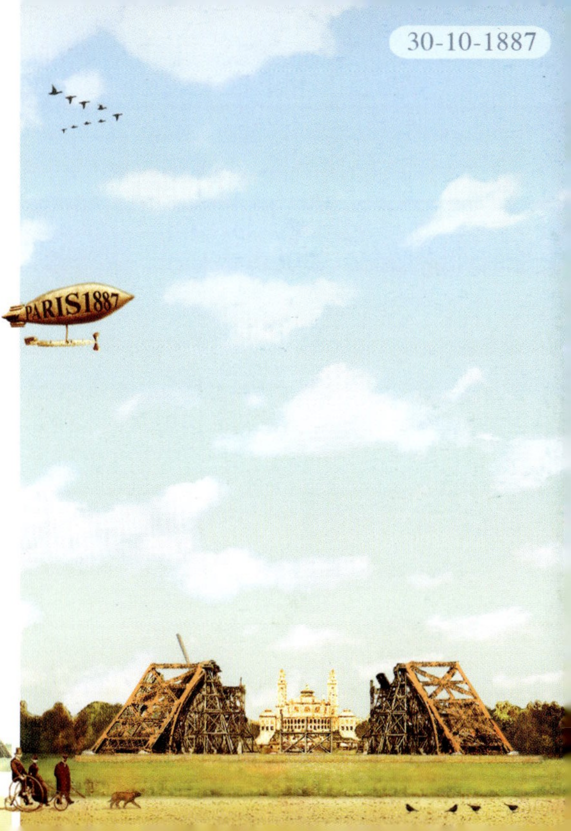

Every year between 6 and 7 million admirers come from all over the world to visit the Eiffel Tower. Its familiar silhouette has become the inseparable and essential emblem of PARIS.

Tutti gli anni tra i 6 a 7 milioni di visitatori vengono dal mondo intero ad ammirarla. La sua nota silhouette è diventata il simbolo inseparabile ed essenziale di PARIGI.

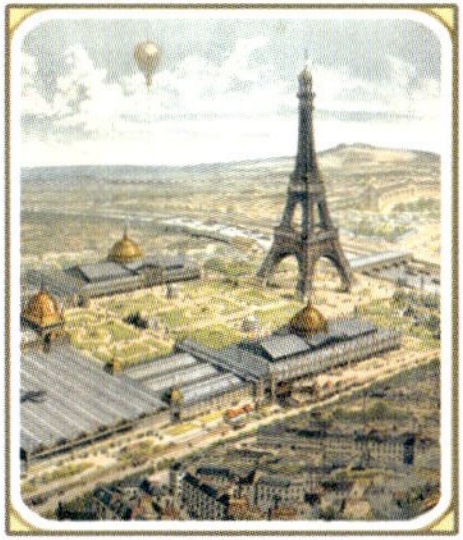

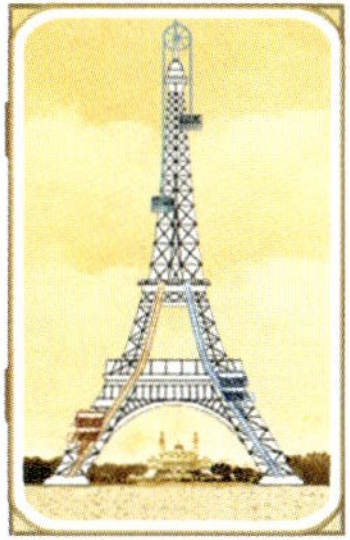

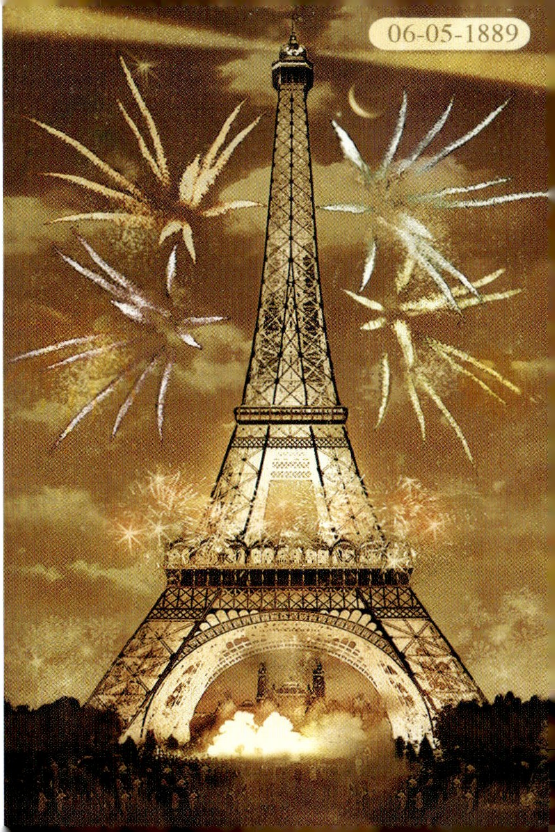

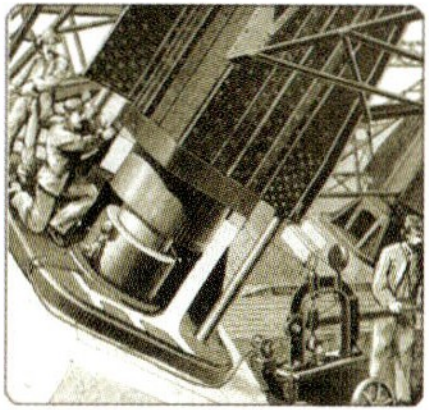

Précaution supplémentaire, des vérins hydrauliques ont été installés à la base de chaque pilier, permettant un ajustement de quelques degrés de leur inclinaison.

Como precaución adicional, se han instalado, en la base de cada pilar, cilindros hidráulicos para permitir el ajuste de algunos grados de su inclinación.

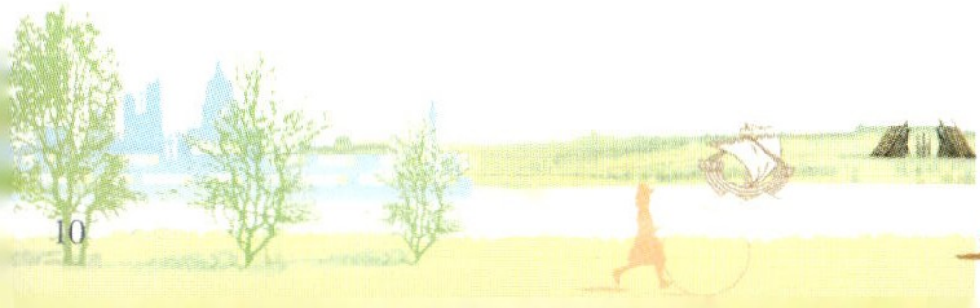

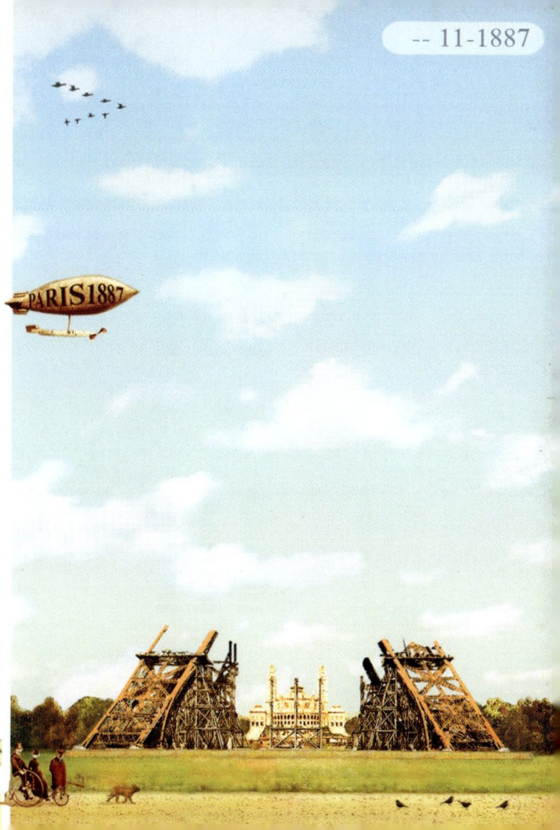

Restored, refitted, fêted .... Over the years, the Tower has become the focus of huge attention. Its bronze-colored coat is repainted every seven years, concealing its original colour of Venetian red.

Ristorata, ristrutturata, celebrata ... nel corso degli anni, la Torre è divenuta l'oggetto di enorme attenzione. Il suo abito color bronzo, ripitturato ogni 7 anni, ricopre la memoria del suo 'rosso veneziano' originale.

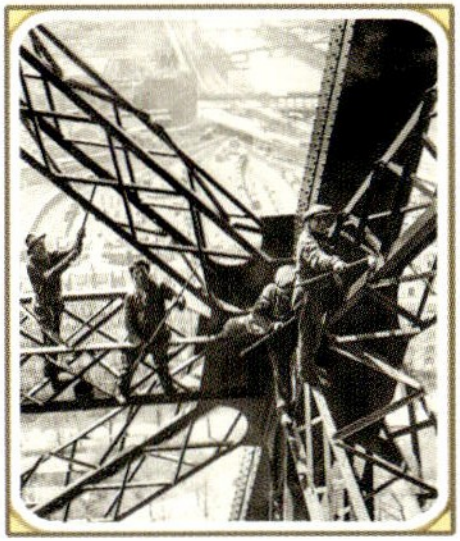

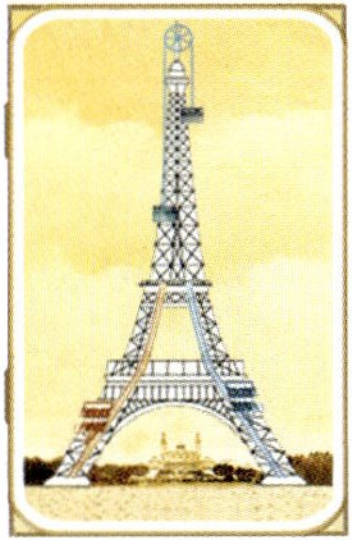

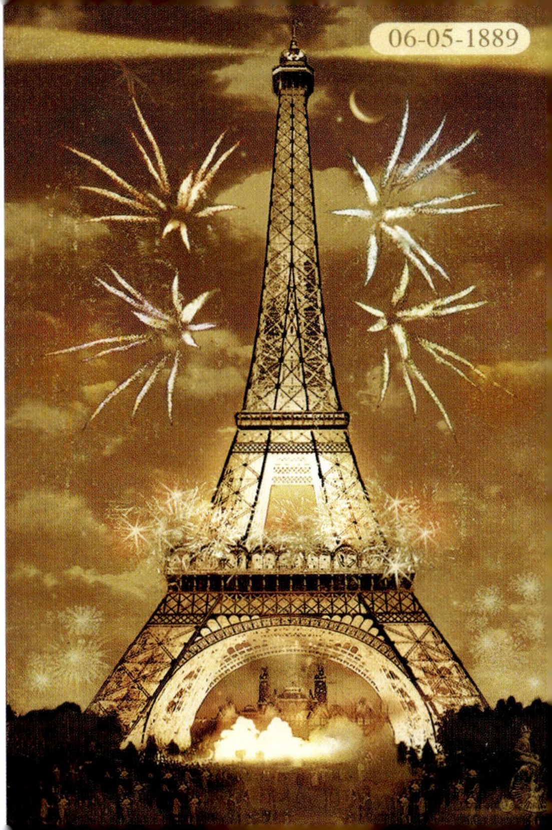

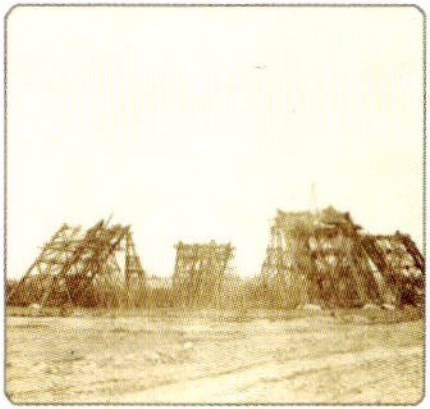

Une fois le premier étage installé, ces vérins, devenus inutiles, seront noyés dans la maçonnerie.

Una vez instalado el primer piso, estos cilindros quedarán sumergidos en la construcción.

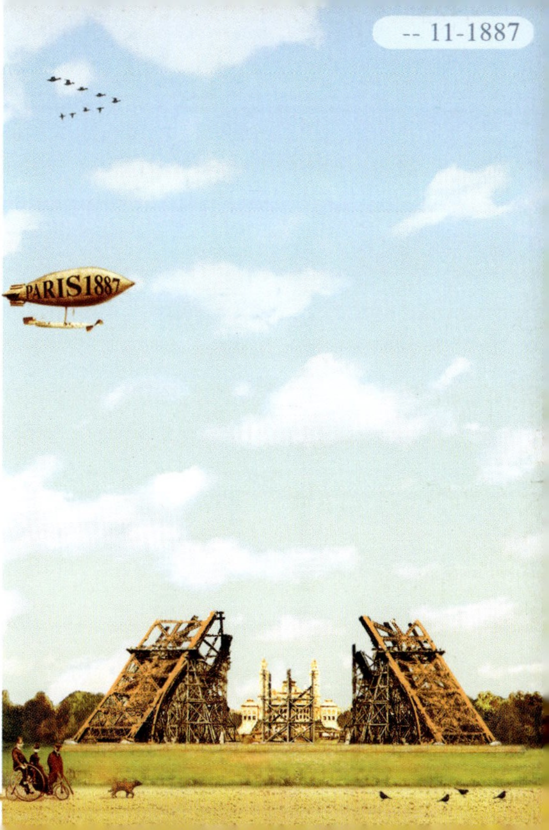

On the other side of the Seine, the 'Palais du Trocadéro', built for the exhibition of 1878, is replaced in 1937 by the current 'Palais de Chaillot'.The Tower, originally intended to stand for 20 years, is now an integral part of the Parisian landscape.

Sull'altra riva della Senna, il "Palais du Trocadero", costruito per l'Esposizione di 1878, viene sostituito nel 1937 dall'attuale "Palais de Chaillot". La Torre, concepita originalmente per una durata di 20 anni, ormai si stabilisce definitivamente nel paesaggio parigino.

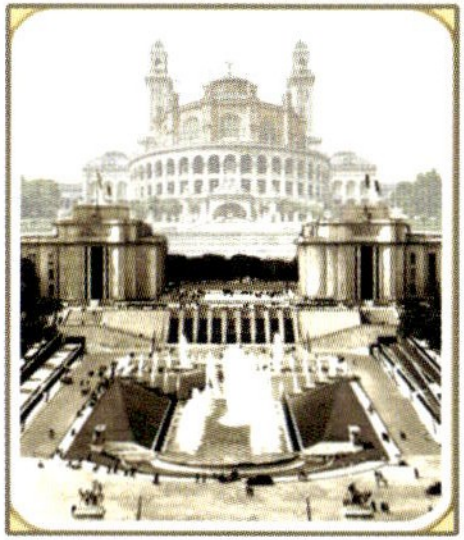

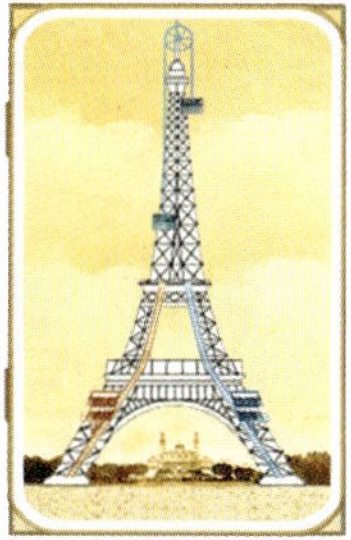

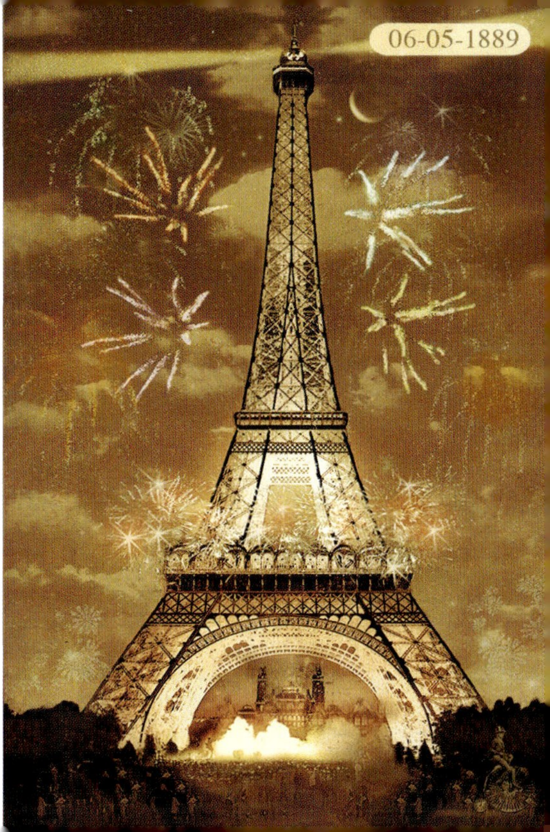

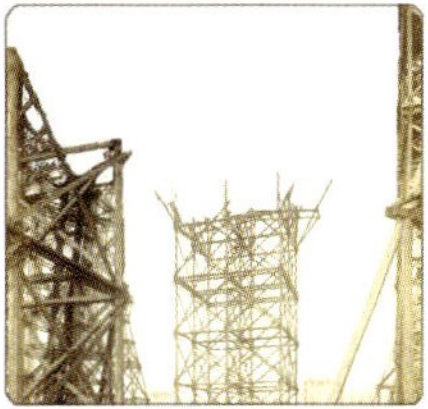

Des échafaudages en bois, hauts de 45 mètres sont dressés entre chaque pilier.

Andamios de madera de 45 metros de altura se levantan entre cada pilar.

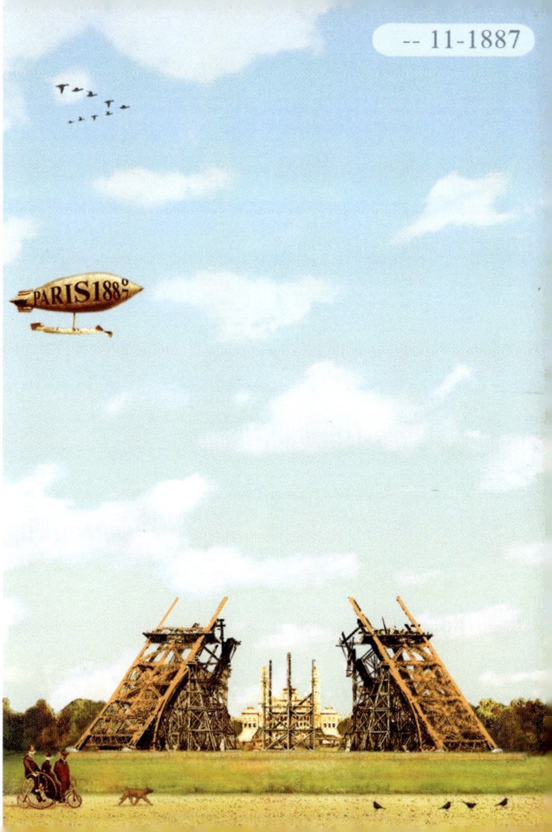

Like a mountaineer who has reached the summit, we can imagine Eiffel's pride as he looked down at Paris from his height of 310 hard-earned meters.

Si può imaginare, come un alpinista in cima ad una montagna, la soddisfazione che prova Eiffel contemplando Parigi dai suoi 300 metri conquistati con tanto amore.

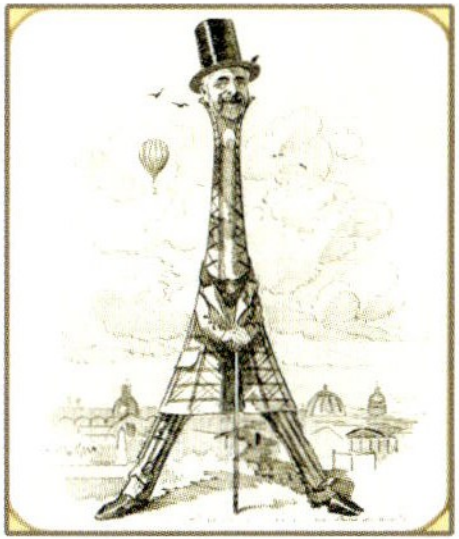

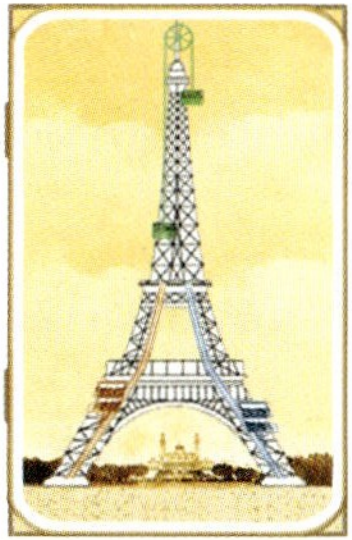

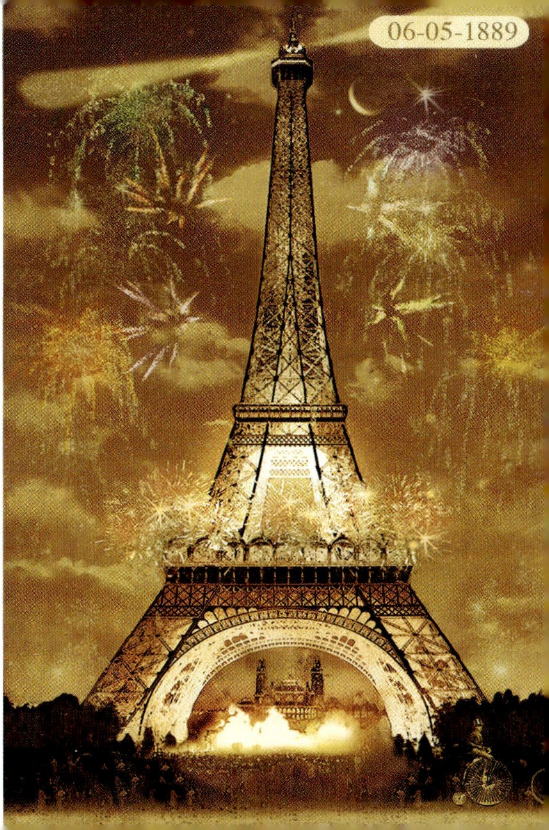

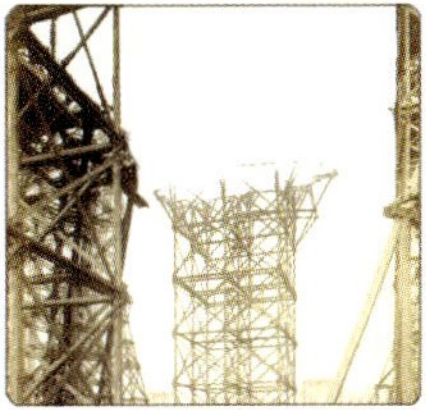

Leur rôle est d'accueillir les grandes poutres horizontales à venir : les poutres de l'arc (qui soutiendront plus tard les arches décoratives), puis, juste au-dessus, celles de 7m50 de haut pour 70 tonnes qui formeront la ceinture du premier étage.

La función de estos es acomodar las grandes vigas horizontales que están por venir: las vigas del arco (que soportarán más adelante los arcos decorativos) y, a continuación, las de 7m 50 cm de altura y 70 toneladas que formarán el cinturón del primer piso.

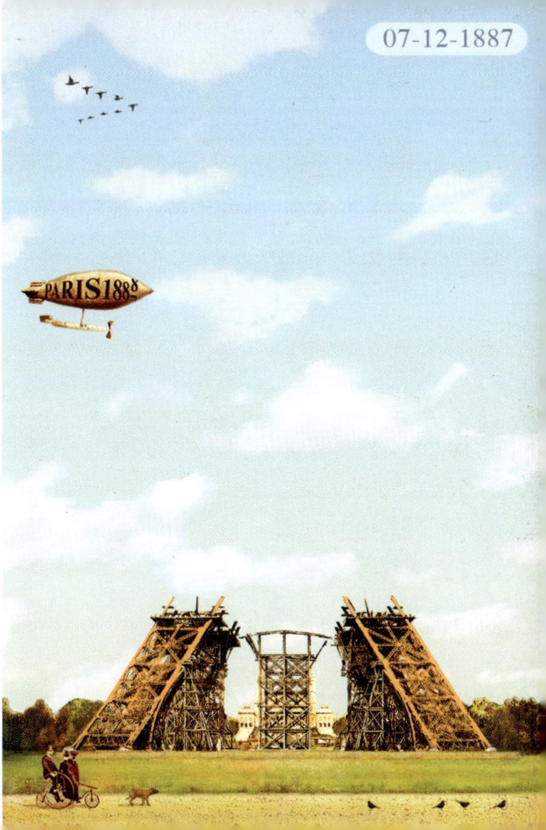

On the third floor Eiffel furnishes a charming flat, as well as a laboratory for his future experiments.

Eiffel fa allestire il terzo piano con un appartamento grazioso, insieme ad un laboratorio per le sue future sperimentazioni.

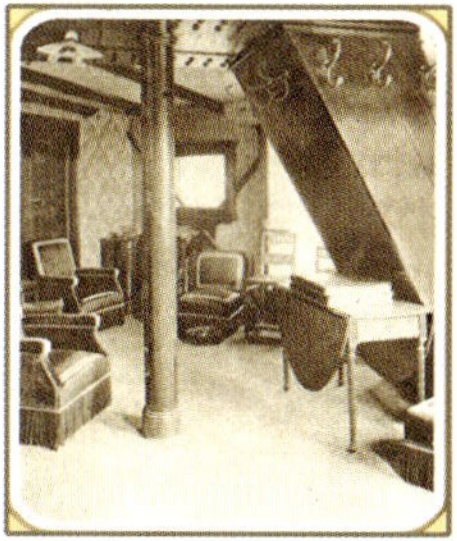

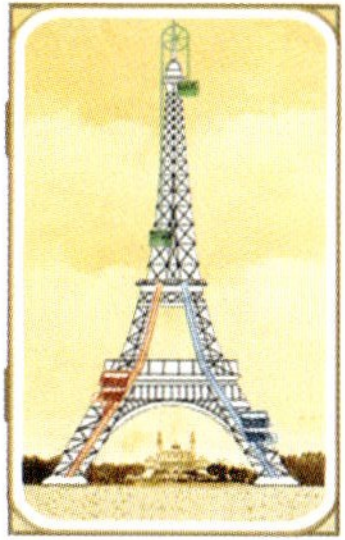

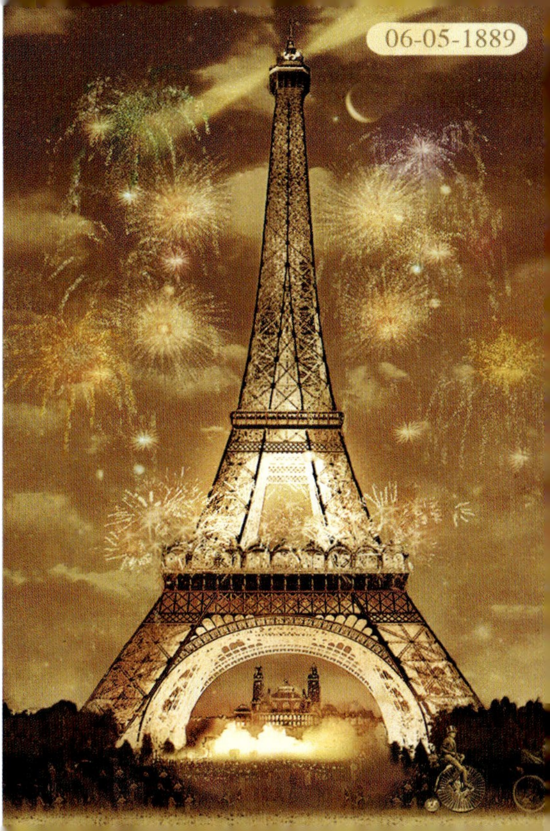

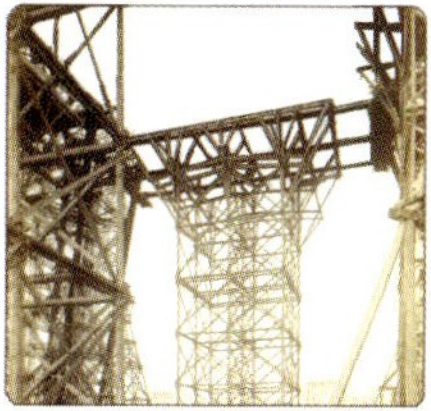

L'assemblage de ces poutres monumentales sur les plate-formes d'échafaudage débute le 18 décembre 1887.

El 18 de diciembre de 1887 da comienzo el montaje de estas monumentales vigas, realizadas en las plataformas de andamios.

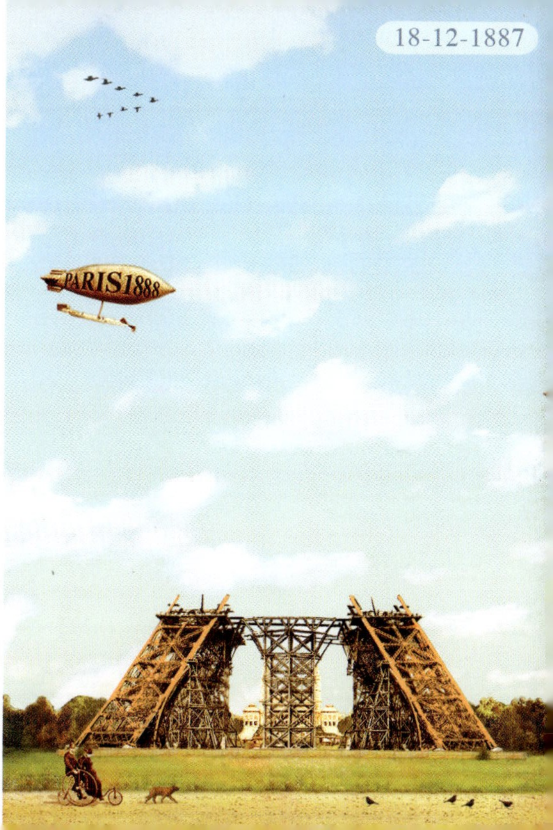

As for the second floor, among the various booths and stalls, there is a bakery along with the printing presses of the Figaro newspaper that prints its daily newspaper on site.

Il secondo piano invece ospita un forno, una stampa del Figaro, diversi capanni e chioschi, aperti per la durata dell'Esposizione.

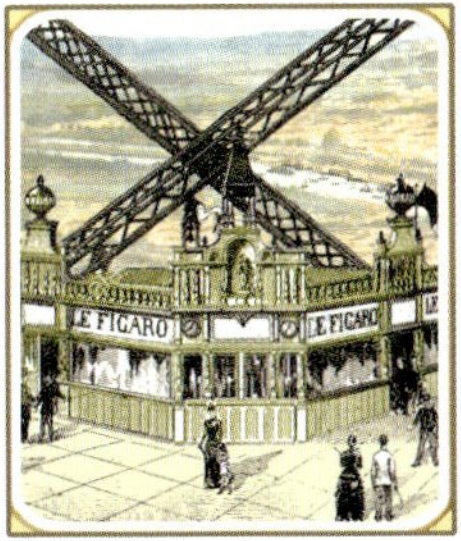

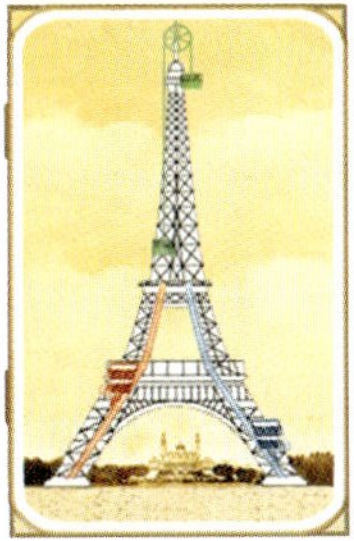

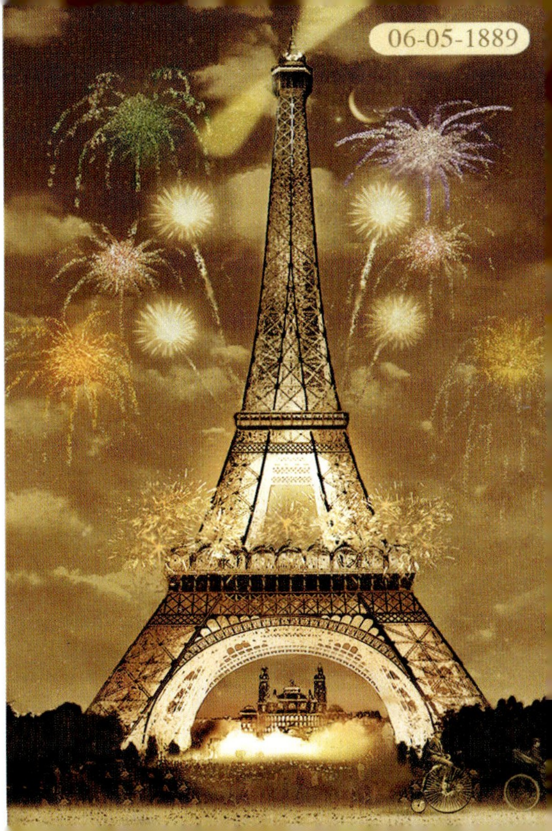

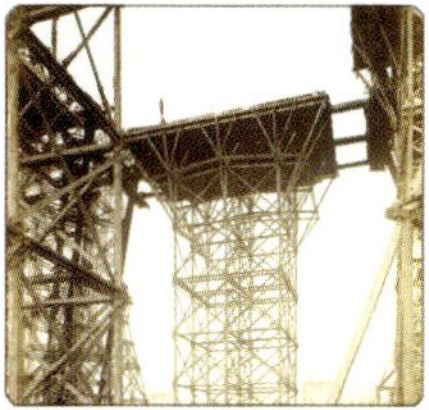

La jonction des poutres avec les quatre piliers en porte-à-faux est une véritable prouesse technique.

La unión de las vigas con los cuatro pilares en voladizo constituye un verdadero logro técnico.

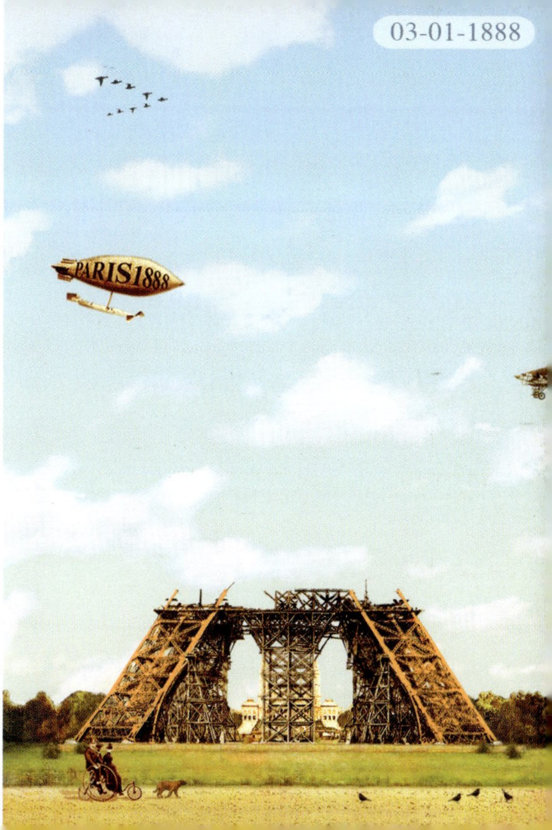

Among the various attractions on the first floor there are a theatre and three restaurants : Russian, Flemish and French.

Al primo piano, fra diverse attrazioni, si trovano un teatro e tre ristoranti, di cui uno russo, uno fiammingo ed uno francese.

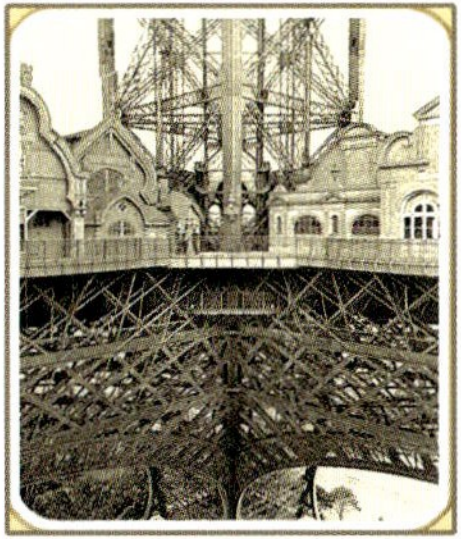

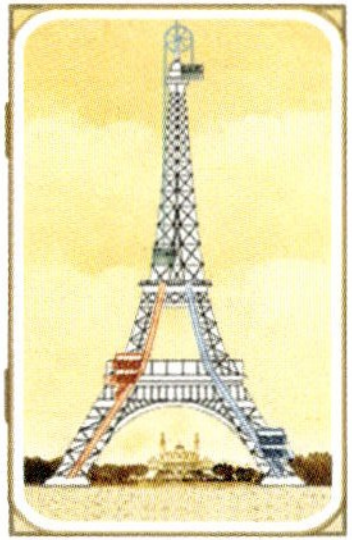

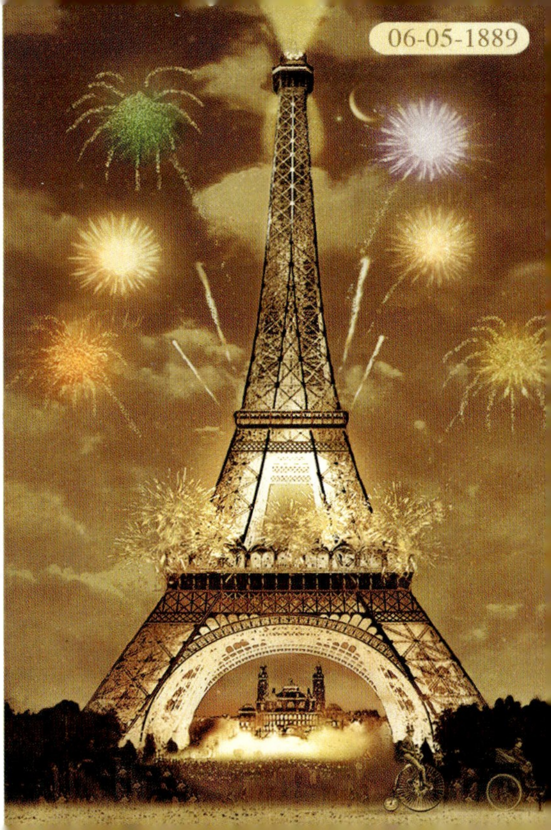

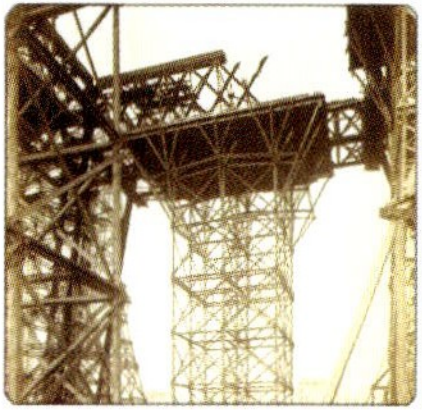

En affinant le réglage des arbalétriers à l'aide des vérins et des boîtes à sable, les rivets de fixation s'ajustent au millimètre près, sans un coup de lime !

Al afinar el ajuste de las vigas con los cilindros y las cajas de arena, los remaches de fijación se ajustan con precisión milimétrica, ¡como un guante!

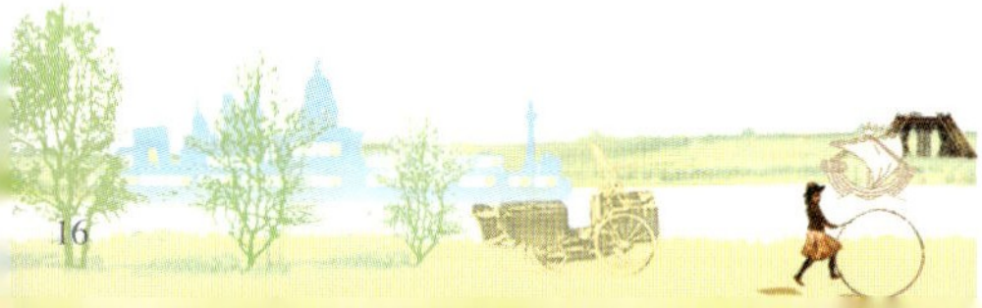

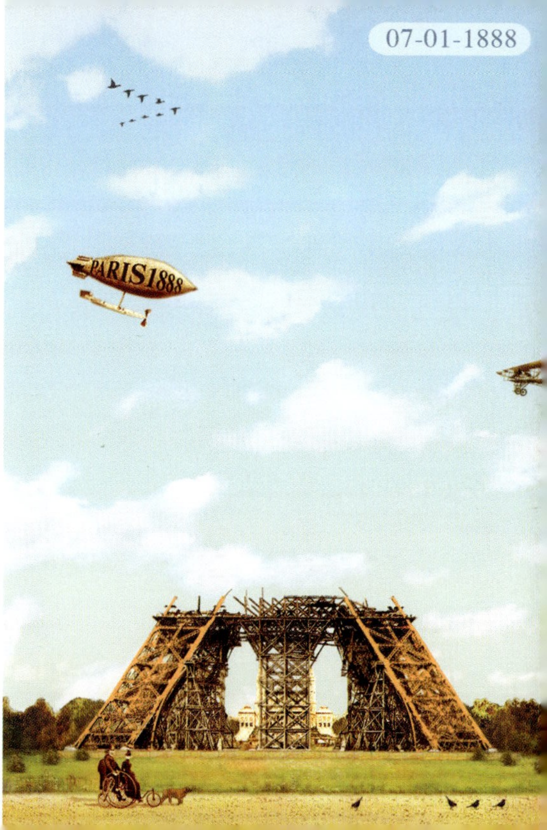

Nearly 2 million visitors climb to the top of the Tower during the Exhibition.

Quasi 2 milioni di visitatori la ascenderanno durante l'Esposizione.

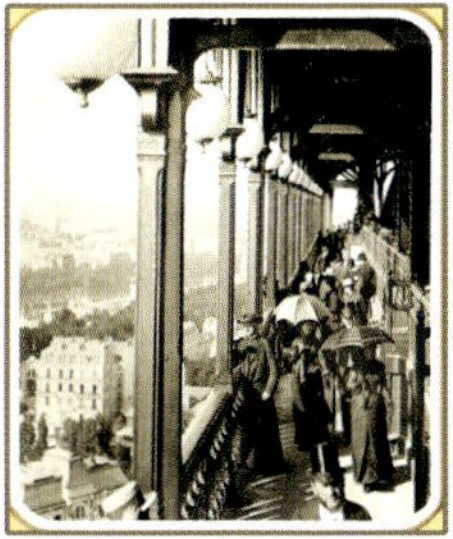

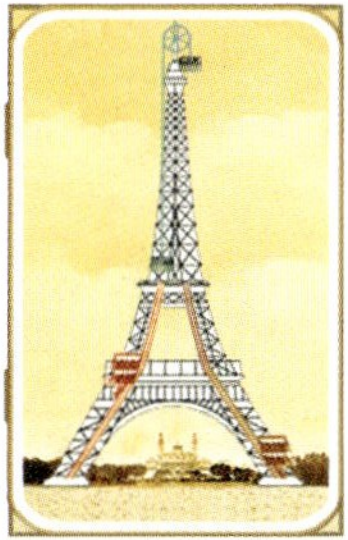

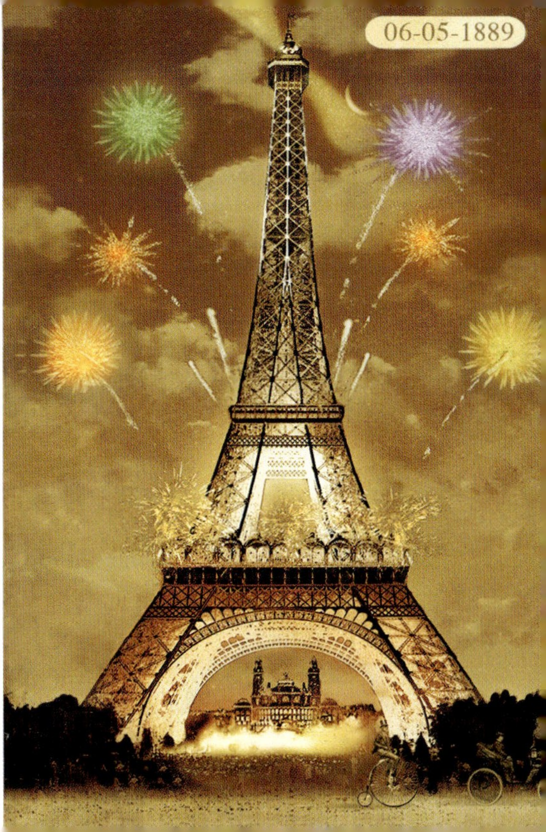

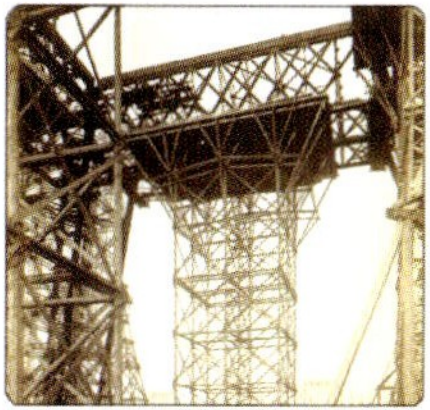

Une fois installé, l'ensemble du premier étage constituera une ossature puissante et robuste, essentielle pour la stabilité définitive de la Tour.

La primera planta, en su conjunto, constituirá entonces una estructura robusta y potente, esencial para la estabilidad definitiva de la Torre.

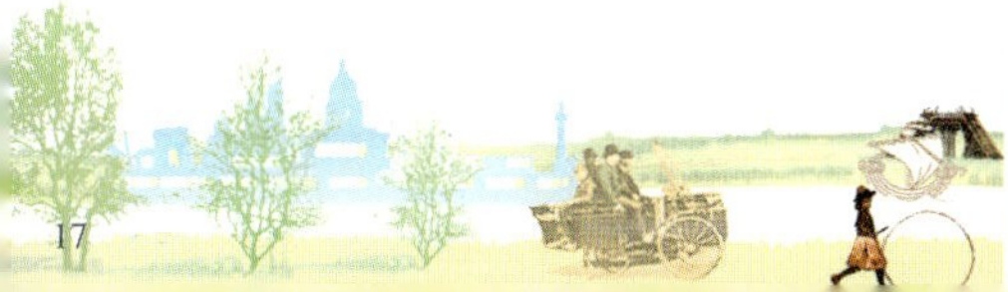

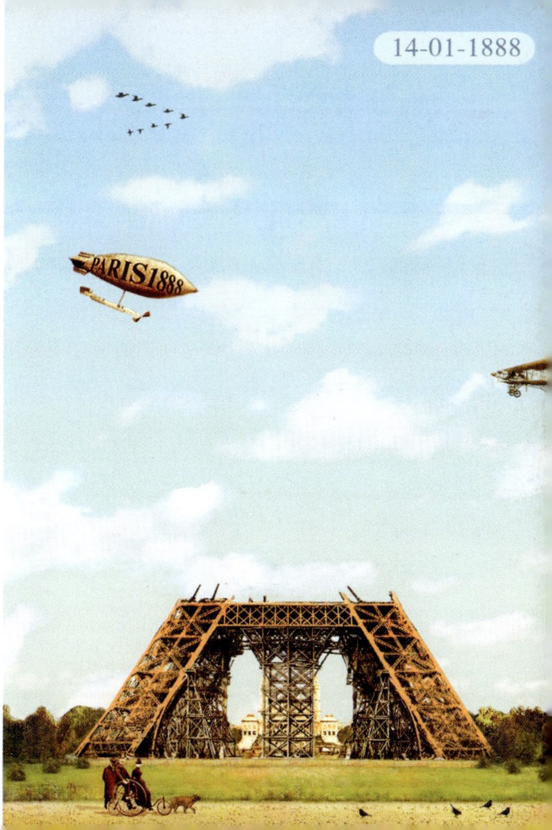

Fireworks explode on May 6th, for the opening of the Universal Exhibition of 1889.The Eiffel Tower, whose arcade forms a monumental entrance to the Exhibition grounds, is the undisputed star of the show.

Un fuoco d'artificio segnala l'avvio dell'Esposizione Universale il 6 maggio del 1889. La Torre Eiffel, le cui meravigliose arcate formano un'entrata monumentale a questa mostra, vi è la protagonista indiscussa.

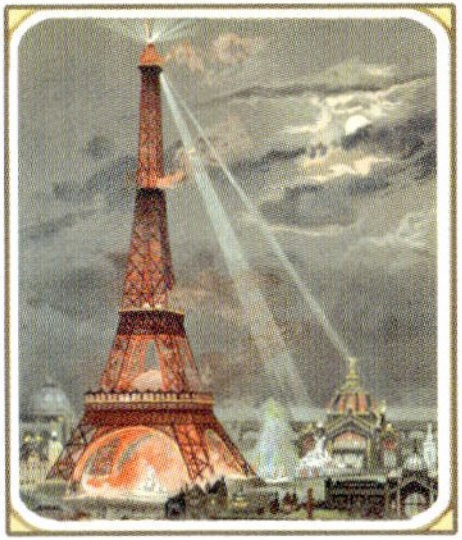

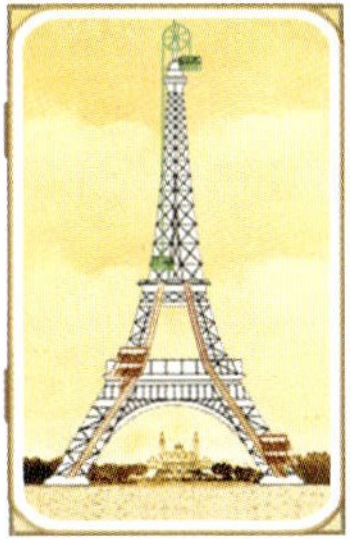

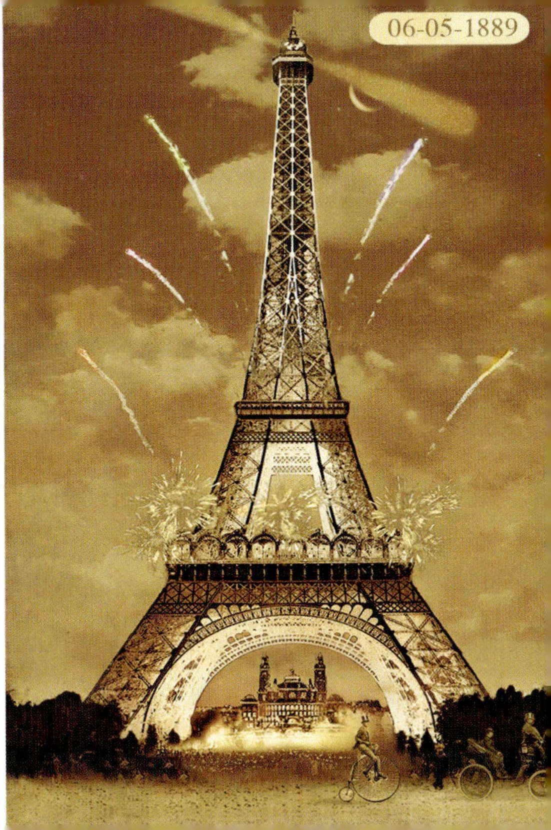

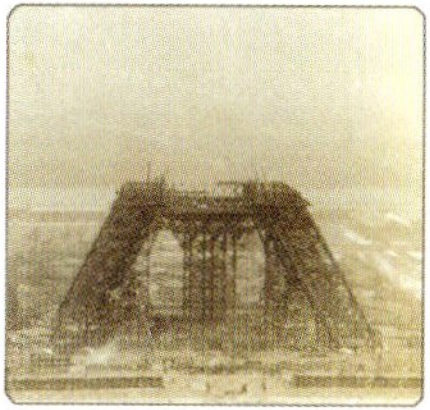

A 57 mètres, la nouvelle plateforme, d'une superficie de 4220 m2, pourra accueillir jusqu'à 2500 personnes. Un abri pour les pièces, un treuil et une cantine y seront installés pour la durée du chantier.

Con una superficie de 4220 m2, la nueva plataforma podrá acoger hasta 2500 personas, a 57 metros del suelo. Durante el período de construcción, se instalará un almacén para material, un cabestrante y una cantina.

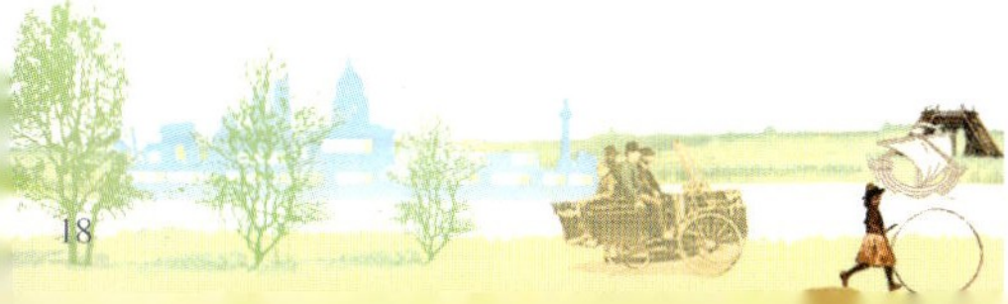

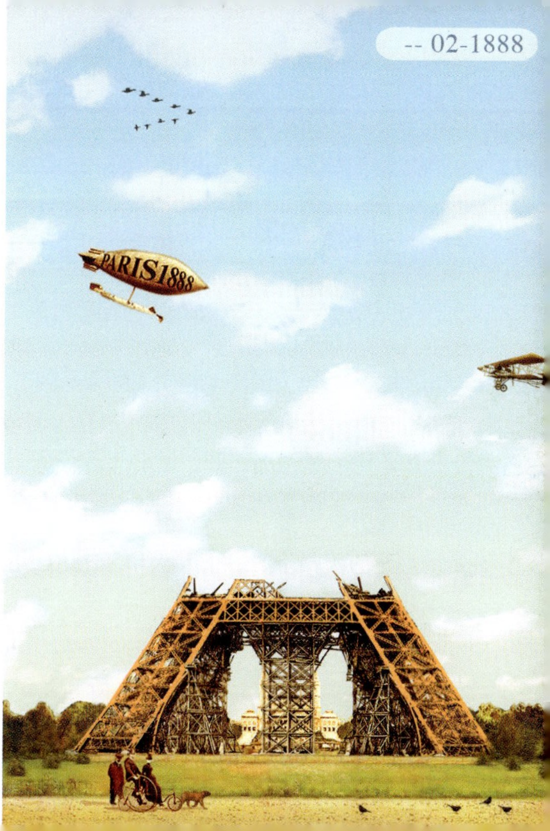

A hydraulic « Edoux »lift, equipped with an 80 meter long winch, connects the second to the third floor. A transfer to a second cabin is necessary half-way up (see p.37).

Tramite un cilindro di una lunghezza di 80 metri, un ascensore idraulico, concepito dall'ingegnere Edoux, collega il secondo piano al terzo. Con cambio di cabina obbligatorio a metà strada (vedere p.37).

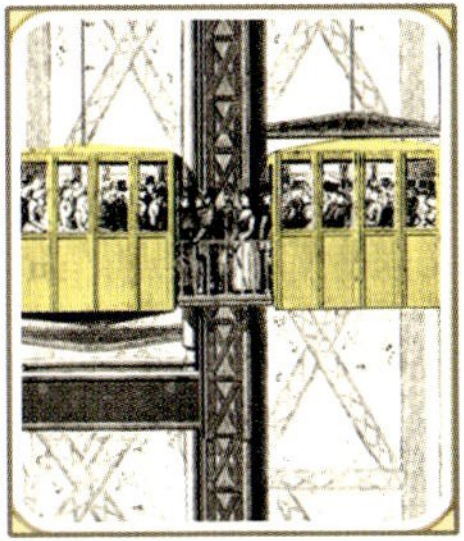

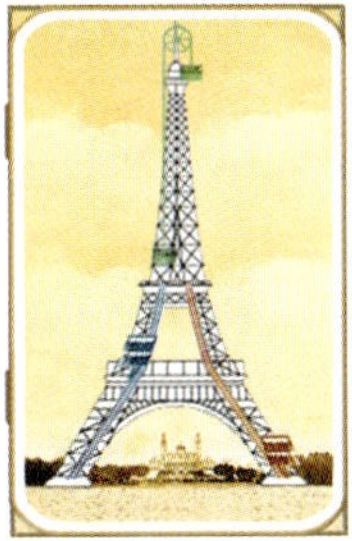

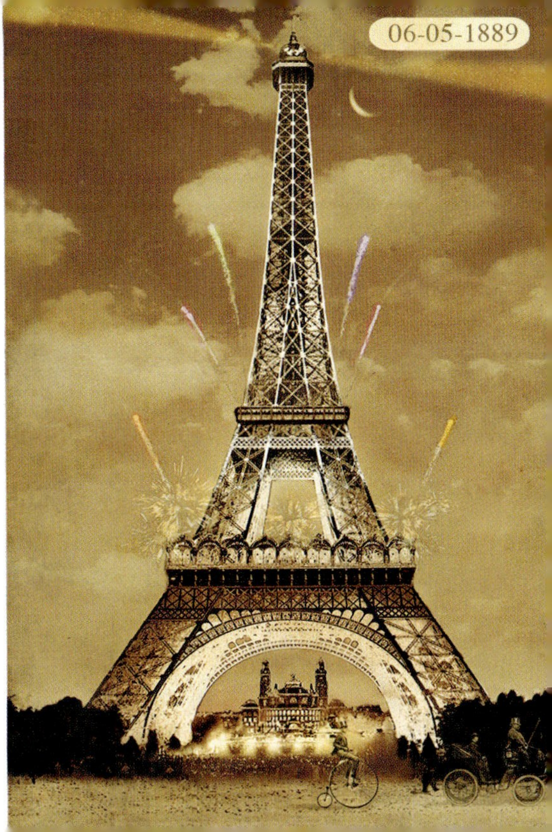

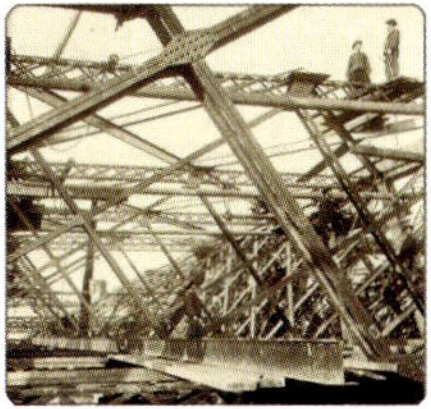

La structure du premier étage s'achève le 1er avril 1888. À cette occasion, Eiffel y réunit ses ouvriers pour une petite fête.

La estructura del primer piso concluye el 1 de abril de 1888. En ese momento, Eiffel reúne a sus trabajadores para hacer una pequeña celebración.

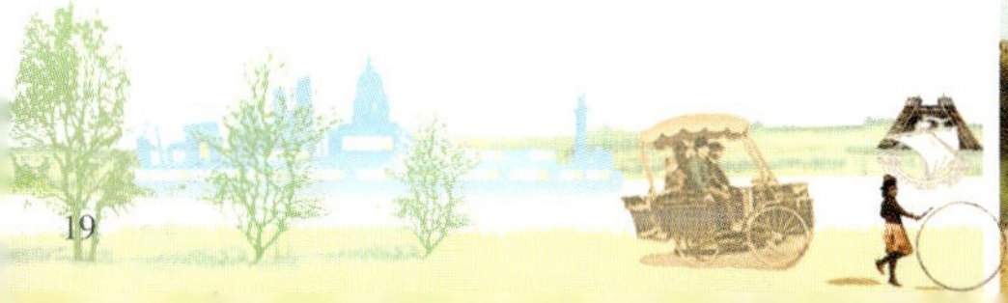

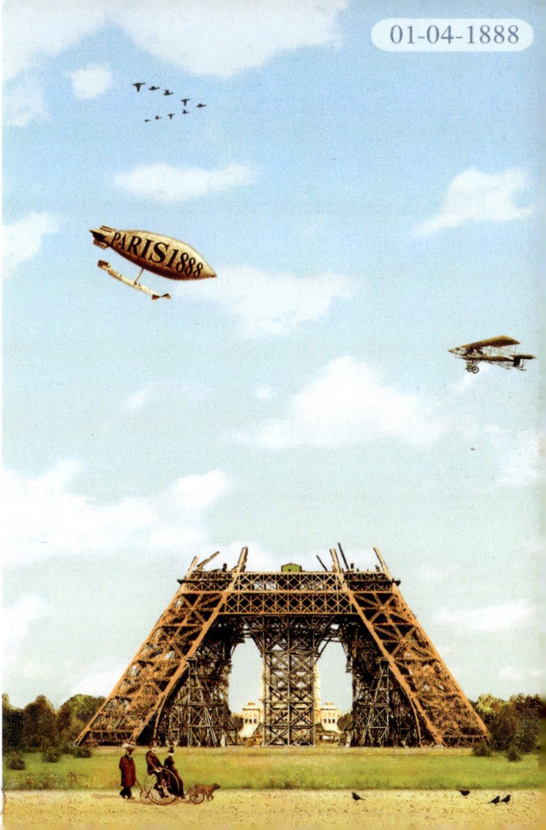

Seated in a sort of double-decker trolley, the 'visitors' to the tower are accompanied to the second floor by a lift operator and an engineer.

Seduti in una specie di vagoncino a due livelli, i 'viaggiatori' della Torre saranno pilotati fino al secondo piano da un conducente di cabina ed un meccanico.

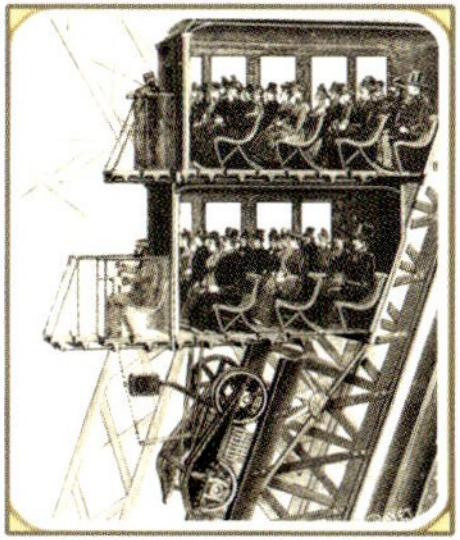

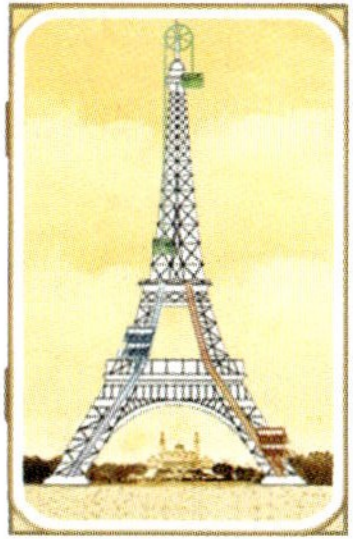

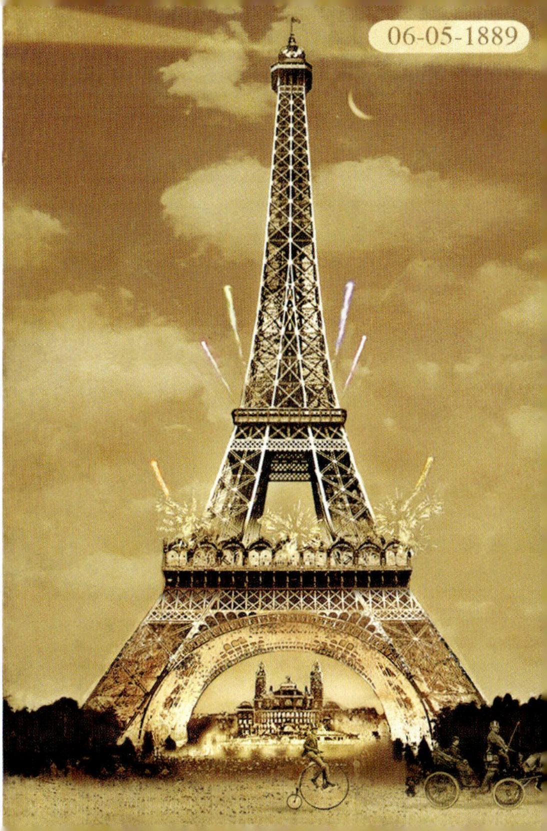

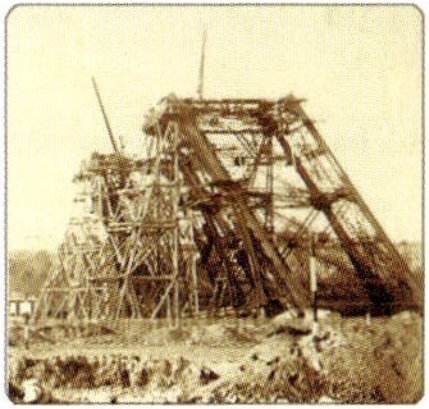

En début de construction, jusqu'à 15 mètres, les pièces étaient enlevées par des engins de levage au sol : des « **bigues** » ou des « **chèvres** ».

Desde el comienzo de la construcción, y hasta alcanzar los 15 metros, las piezas se retiraban mediante máquinas de elevación: grúas o "**cabrias**".

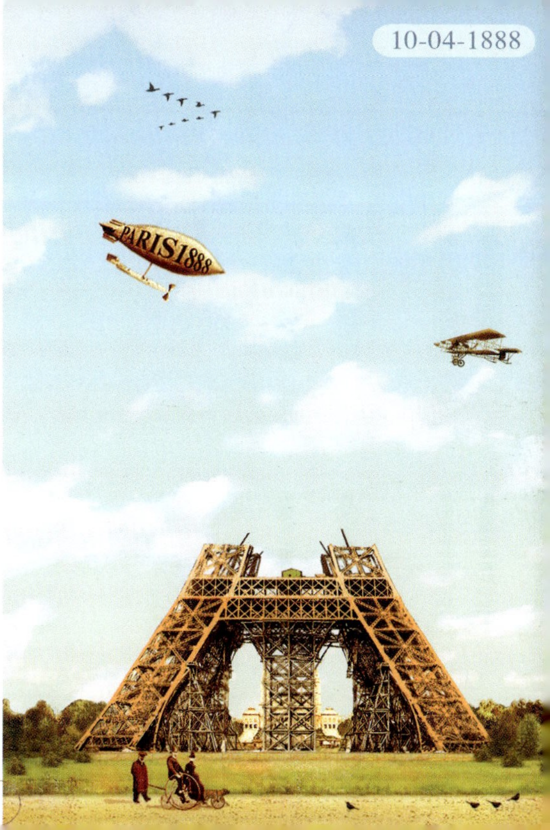

However, the work is not yet finished. Since January, each pillar has been equipped with a lift, requiring ingenious and unprecedented machinery.

Tuttavia i lavori non sono terminati. Da gennaio ogni pilastro è dotato di un ascensore, il cui macchinario impressionante fa uso di una tecnologia senza precedenti.

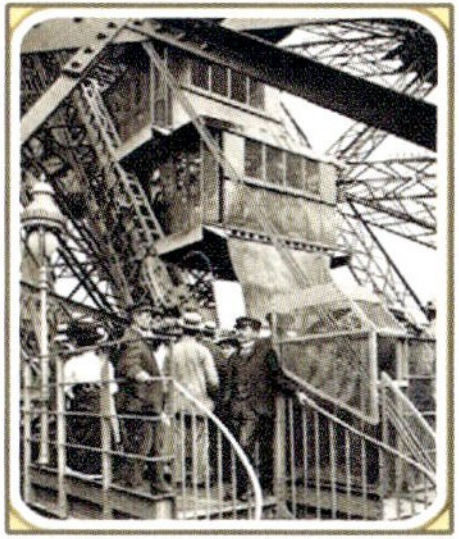

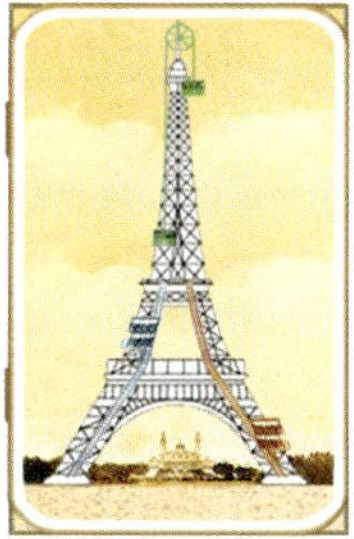

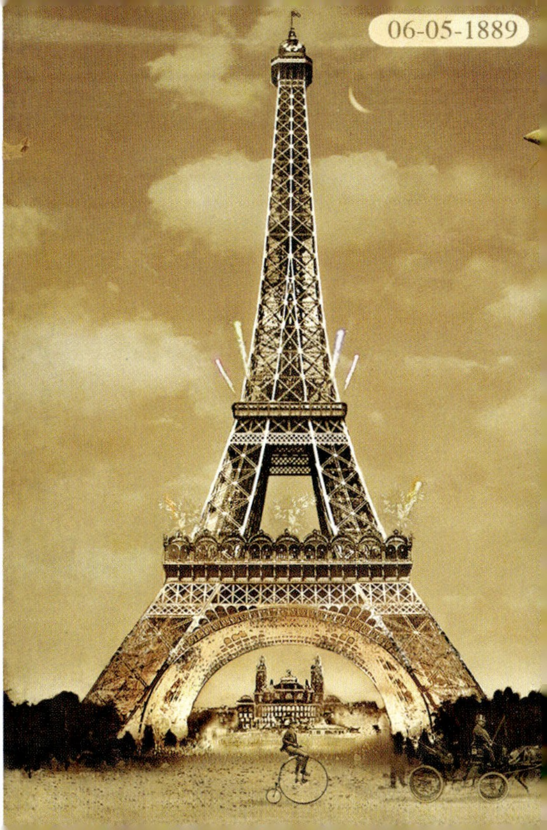

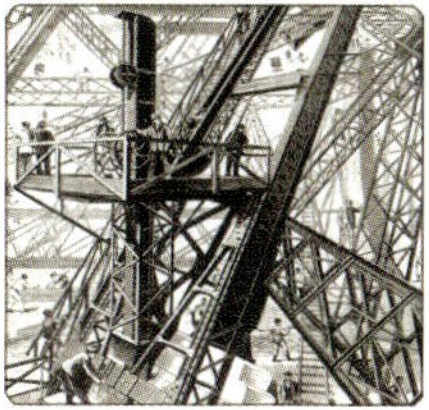

Au-delà de 15 mètres, des grues suivent l'ascension en grimpant le long de glissières aménagées à l'intérieur des piliers.

A partir de los 15 metros, las grúas continúan con la ascensión mediante guías acondicionadas en el interior de los pilares.

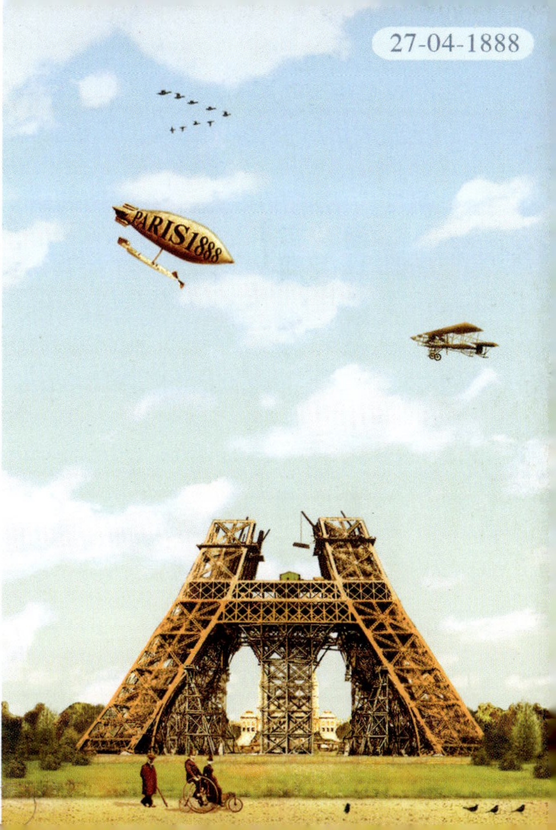

After climbing 1710 steps, in the company of several notable, and breathless, personalities, Eiffel unfurled the tricolour at the top of the Tower, 310 meters above the capital.

Dopo aver scalato i 1.710 scalini, seguito da qualche personaggio affannato, Eiffel alza la bandiera tricolore, 310 metri sopra al suolo della capitale.

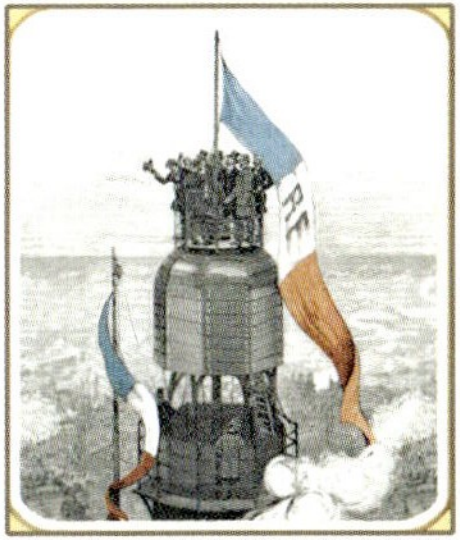

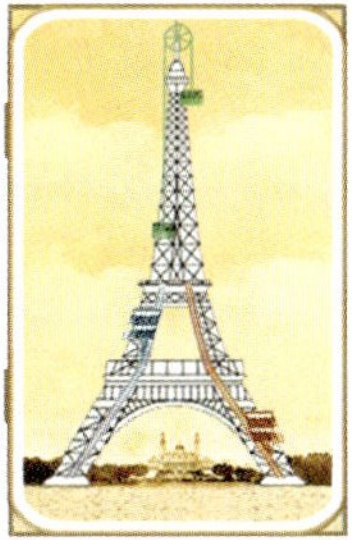

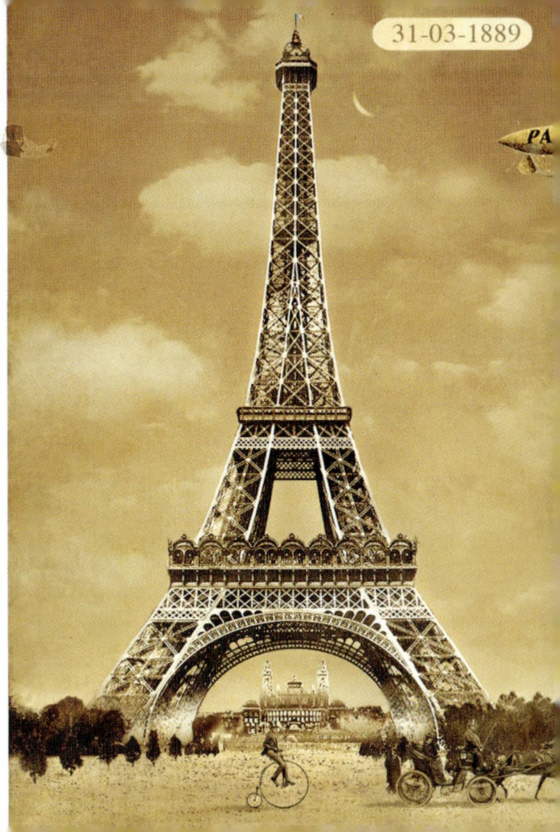

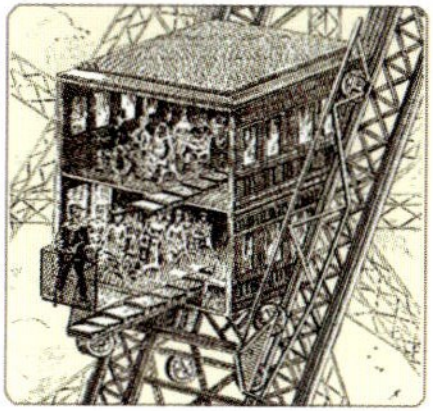

Ces mêmes glissières serviront plus tard de chemins pour les ascenseurs.

Estas mismas guías servirán más tarde de carril para los ascensores.

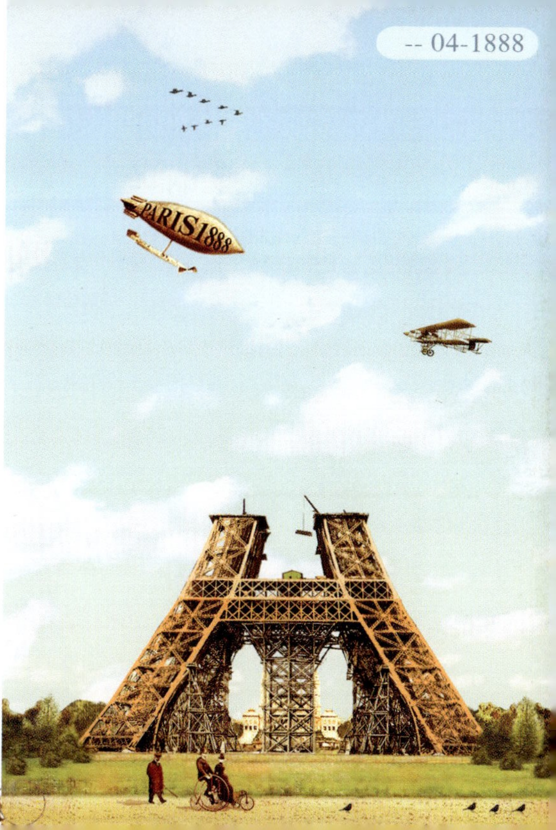

Built in a record time of two years, two months and five days, the Tower is finally inaugurated on 31st March 1889, a little more than a month before the opening of the World Fair.

Costruita in tempo record di due anni, due mesi e cinque giorni, la Torre è finalmente inaugurata il 31 marzo 1889, poco più di un mese prima del avvio dell' Esposizione Universale.

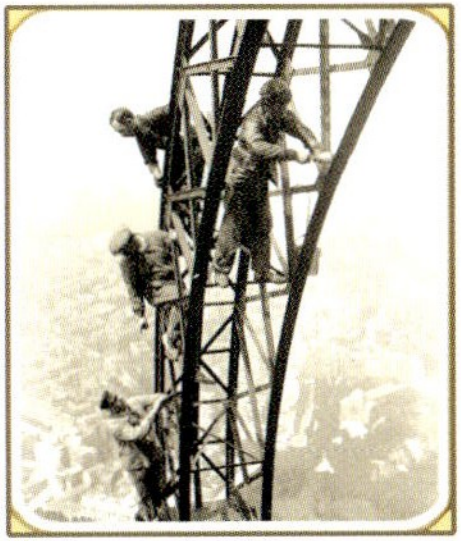

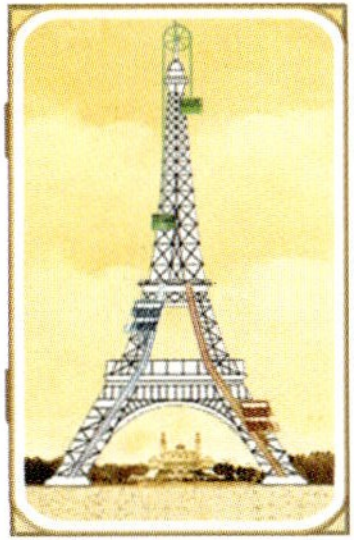

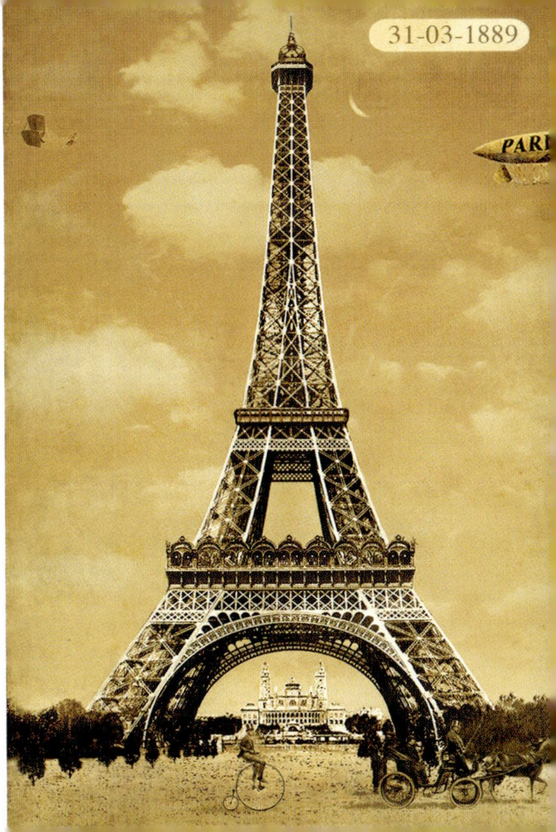

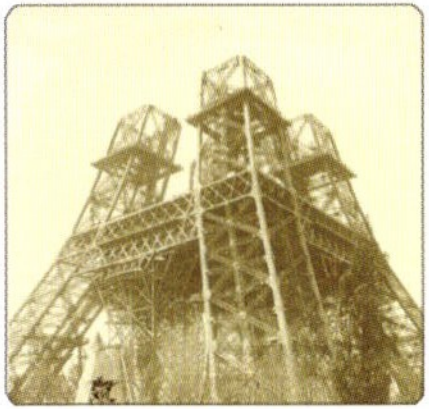

Le prochain seuil est imminent. Cette fois-ci, pas de boîte à sable ni de vérin hydraulique pour le réglage des obliques...

El próximo nivel es inminente. Esta vez, no hay "cajas de arena" ni cilindros hidráulicos para el ajuste de las diagonales...

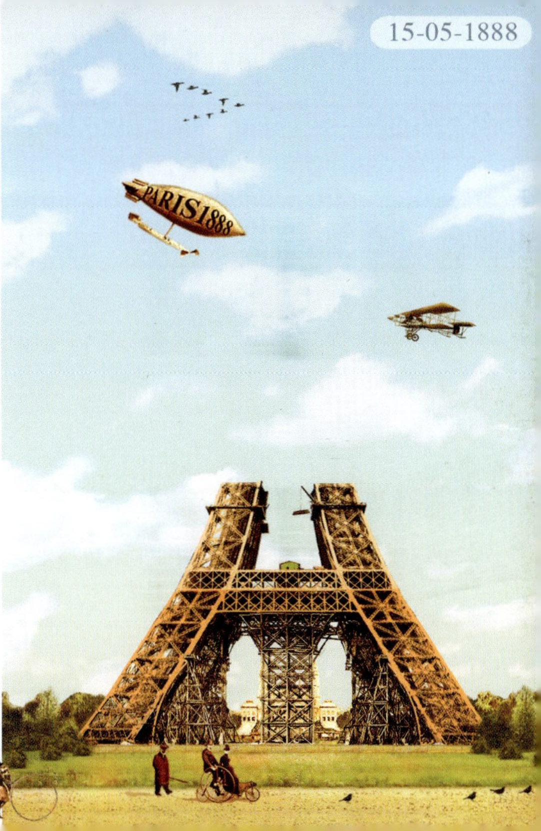

Under extreme conditions, working in the wind and the cold, like acrobats at dizzying heights, there was however only one fatal accident : an Italian worker fell to his death, while showing his fiancée around the Tower, with the work already finished!

In delle condizioni estremi, vertiginose ed acrobatiche, fra il vento e il freddo, avviene un solo incidente mortale durante i lavori : un operaio italiano che cade mentre mostra il cantiere a sua fidanzata, a lavoro già terminato!

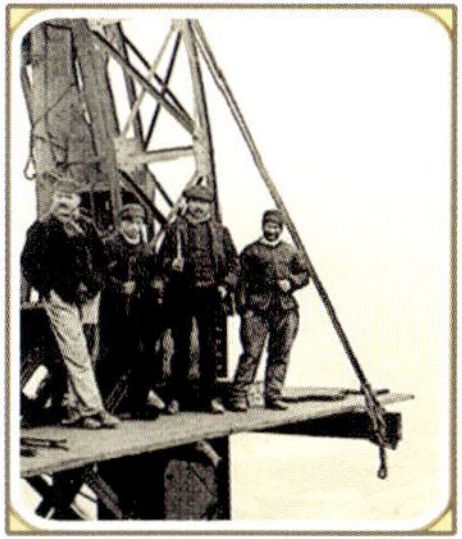

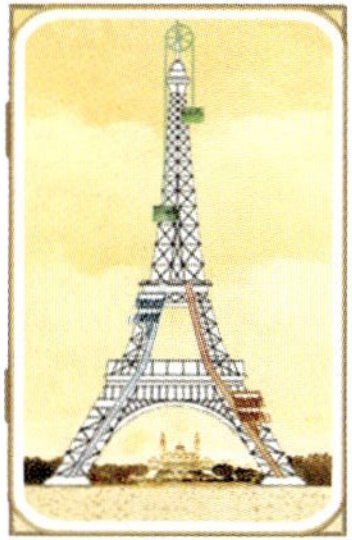

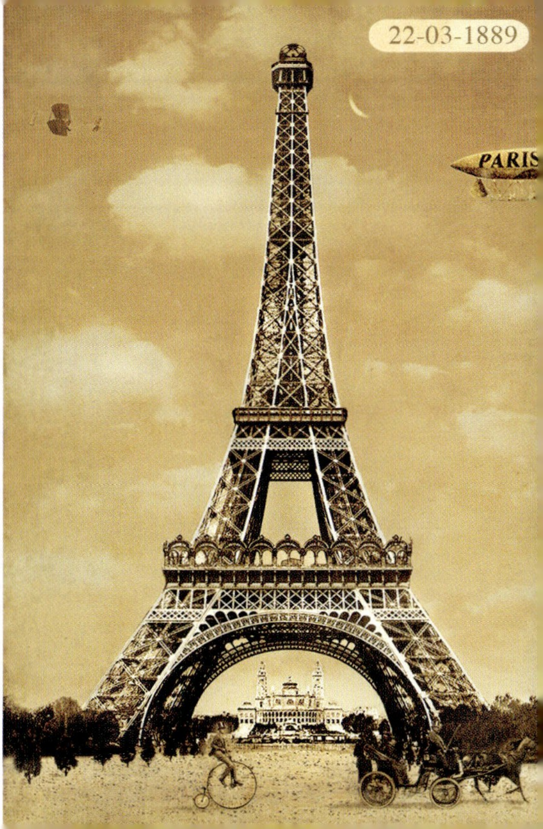

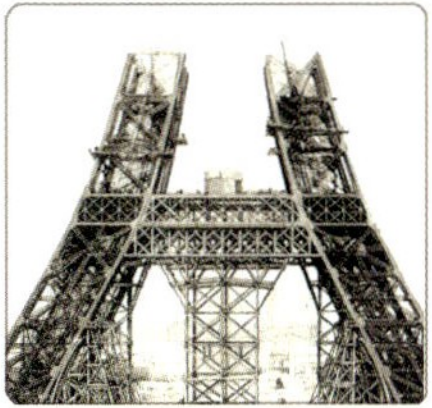

Cependant, la jonction du second étage se déroule parfaitement, fin juin 1888, un an après le début de l'élévation.

Sin embargo, a finales de junio de 1888, un año después del inicio de la ascensión, la unión de la segunda planta se desarrolla perfectamente.

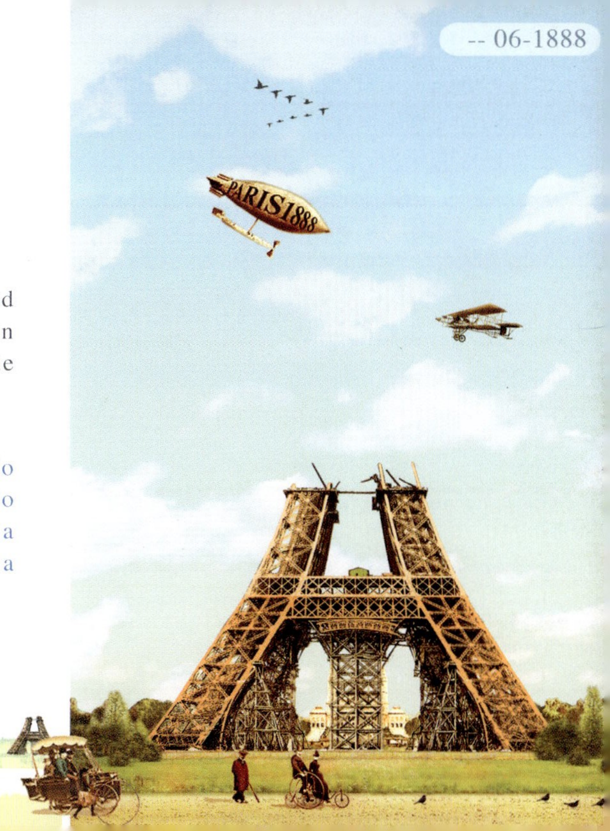

In this way, 2 500 000 rivets (two-thirds of which were already fitted at the workshop) are needed to put together this gigantic Meccano® !

Per montare questo gigantesco Maccano® saranno necessari allora 2 500 000 di rivetti, di cui due terzi verranno già fissati in officina.

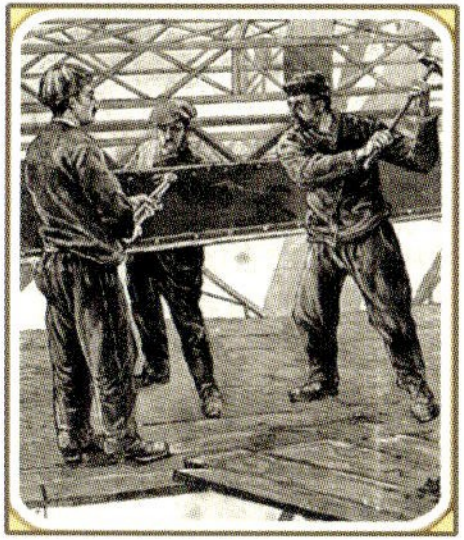

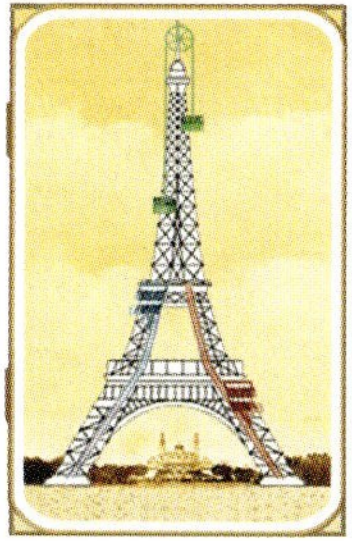

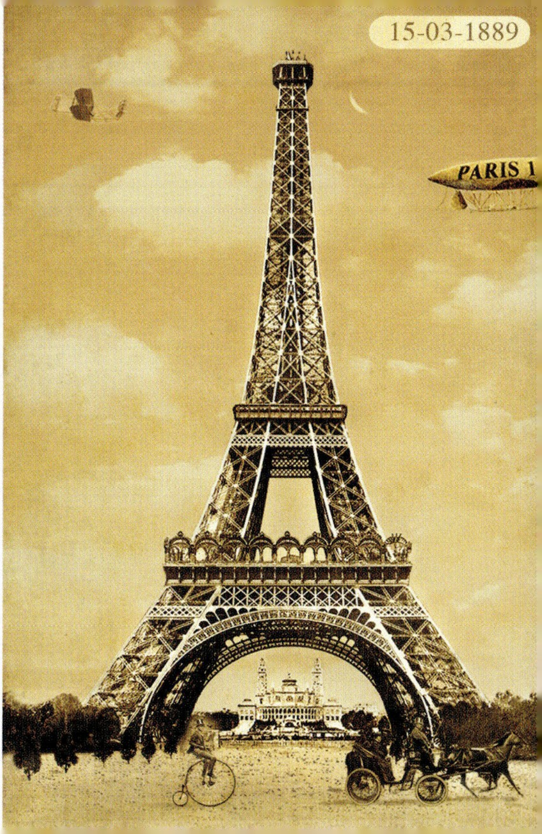

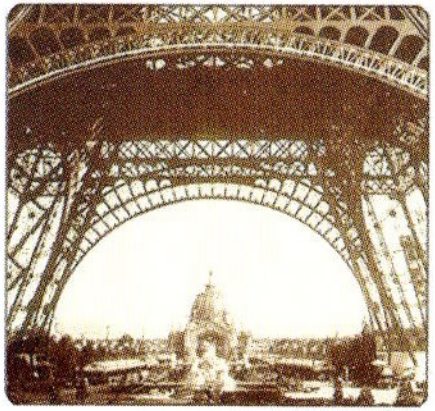

Tandis que la Tour continue de grimper, de grandes arches décoratives sont installées sous le pont du premier étage.

Mientras que la Torre sigue creciendo, grandes arcos decorativos se instalan bajo el puente del primer piso.

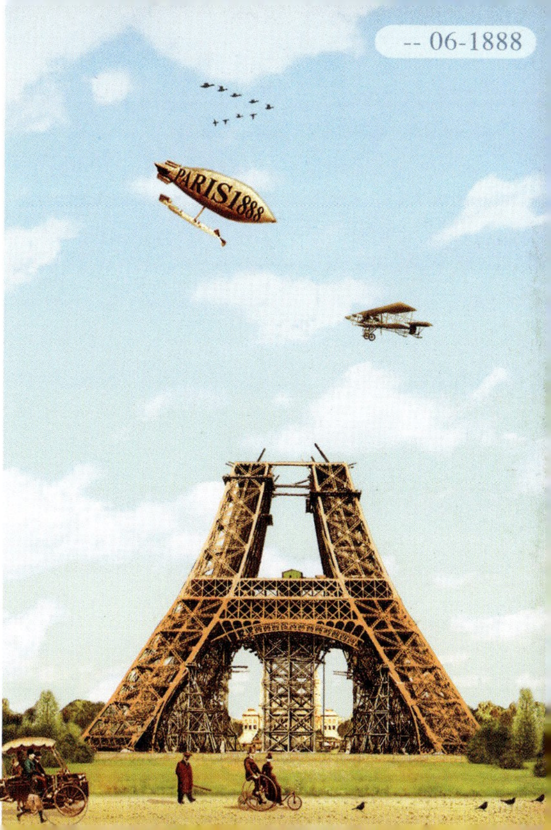

Fitting the rivets requires a well-drilled team of of four men: the "**mousse-man**" heats the rivet to more than 1100°, " **le teneur de tas**" (the anvil holder) holds the rivet with his own tool (a small anvil), the "**riveur**" forms the head of the rivet while "**le frappeur**" (the beater) seals it by beating it from the other side.

Fissare i rivetti richiede una squadra collaudata di quattro uomini: "**l'uomo-schiuma**" scalda il rivetto a più di 1100°, il "**tenore d'incudine**" lo tiene (con una piccola incudine), il "**rivettatore**" forma la testa mentre il "**battitore**" lo sigilla schiacciandolo dall'altra parte.

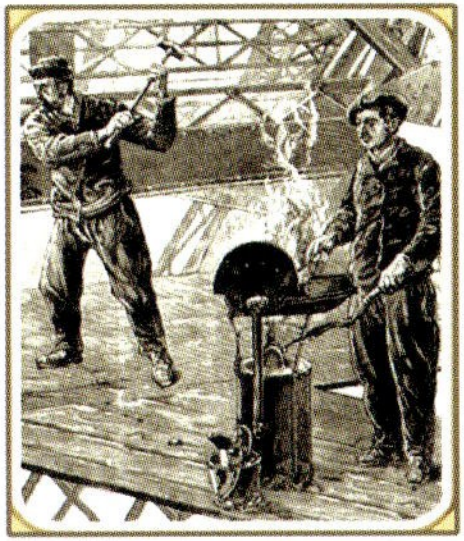

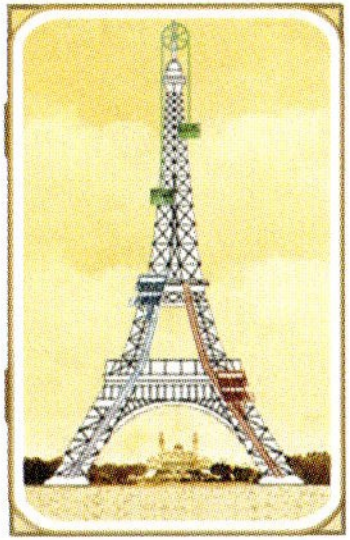

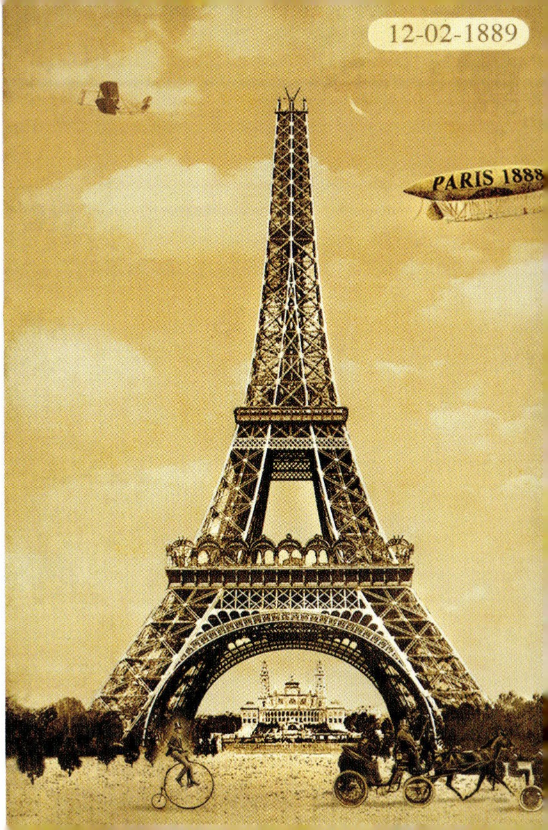

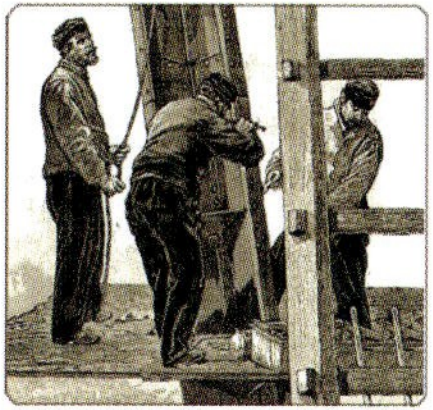

Dans les hauteurs, les ouvriers travaillent sur des passerelles en bois fixées autour des piliers. Ces structures sont régulièrement démontées puis réinstallées, suivant l'ascension de la construction.

En las alturas, los operarios se mueven mediante pasarelas de madera fijadas alrededor de los pilares. Estas estructuras se desmontan periódicamente y se reasientan, siguiendo la ascensión de la construcción.

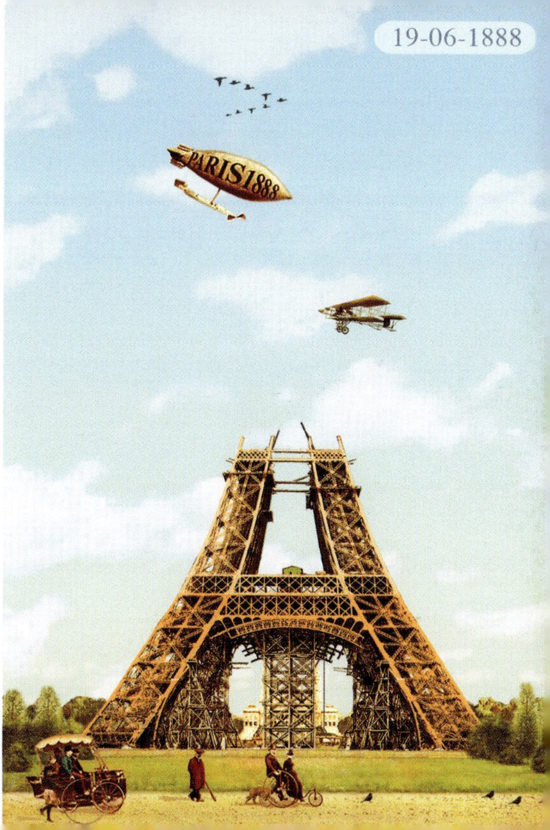

Since work began, between 150 and 250 men, mainly carpenters and riveters, have been working on the Tower. These are known as "the acrobats"or "the chimney sweeps".

Dall'inizio dei lavori da 150 a 250 operai lavorano alla Torre tutti i giorni. Si soprannominano "gli acrobati" oppure "i spazzacamini". Sono principalmente carpentieri e rivettatori.

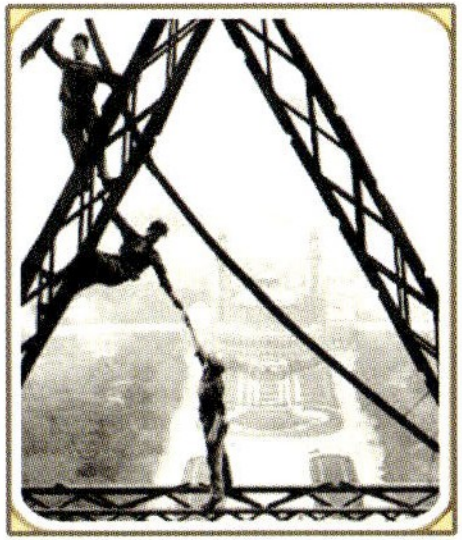

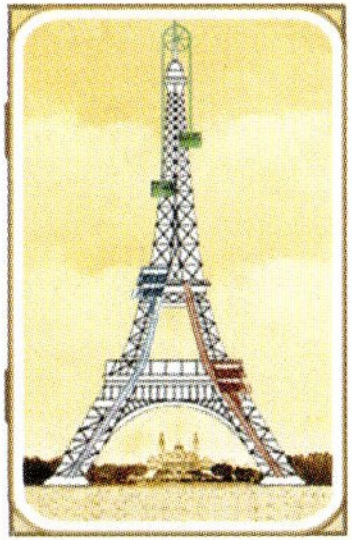

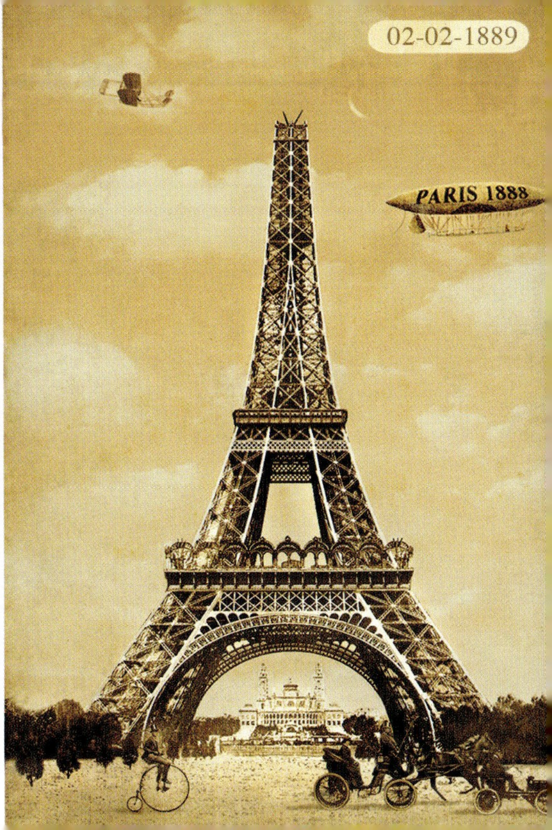

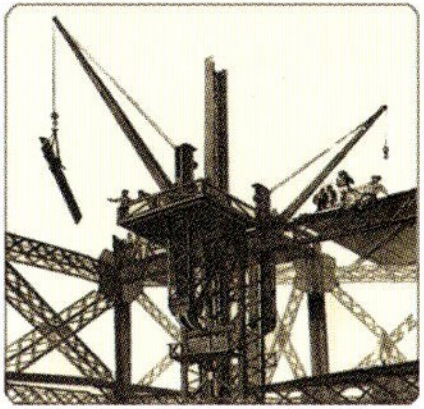

Un second treuil est bientôt implanté au second étage. Le nombre des grues est réduit de quatre à deux.

Pronto, un segundo cabestrante se instalará en el segundo piso. El número de grúas se reduce de cuatro a dos.

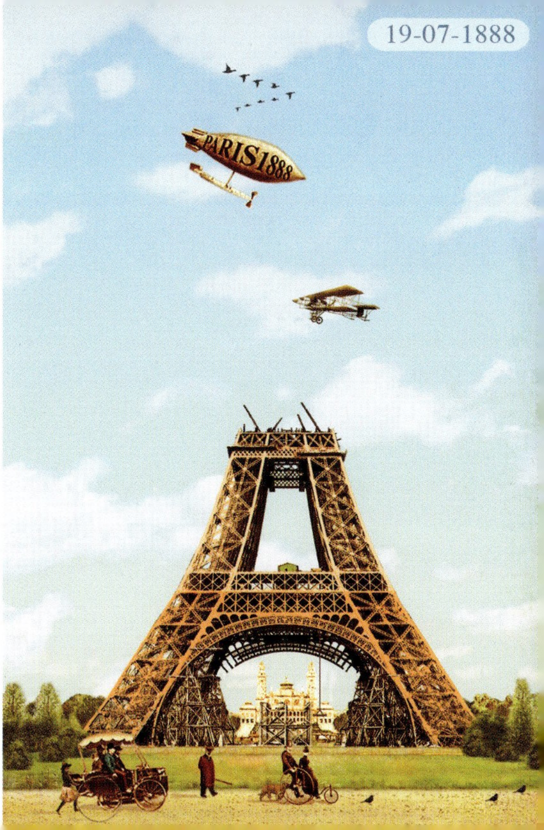

The first floor is embellished with a gallery of arcades (no longer there today). The names of 72 scientists are inscribed on the rim of the platform.

Il primo piano s'imbellisce di una galleria d'arcate (ormai scomparsa). Sono gravati lungo il bordo della piattaforma i nomi di settantadue illustri sapienti.

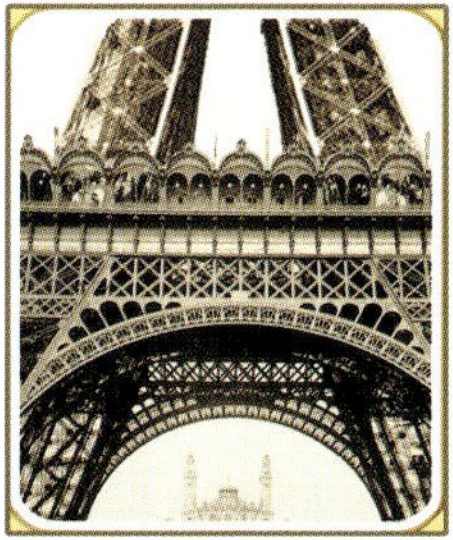

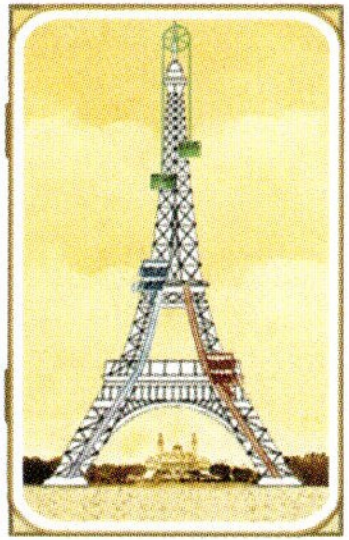

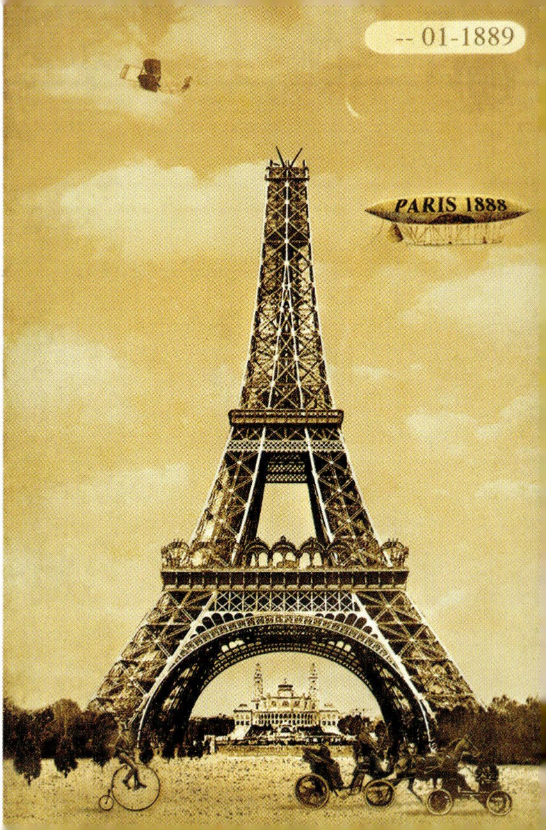

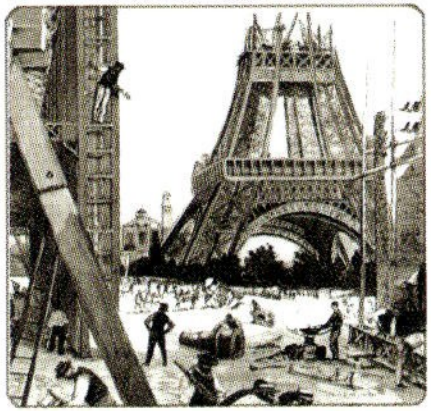

Le 15 août 1888, la plateforme du second étage, qui domine le sol à 115 mètres, est achevée.

El 15 de agosto de 1888 se completa la plataforma del segundo piso, cuya altura alcanza los 115 metros.

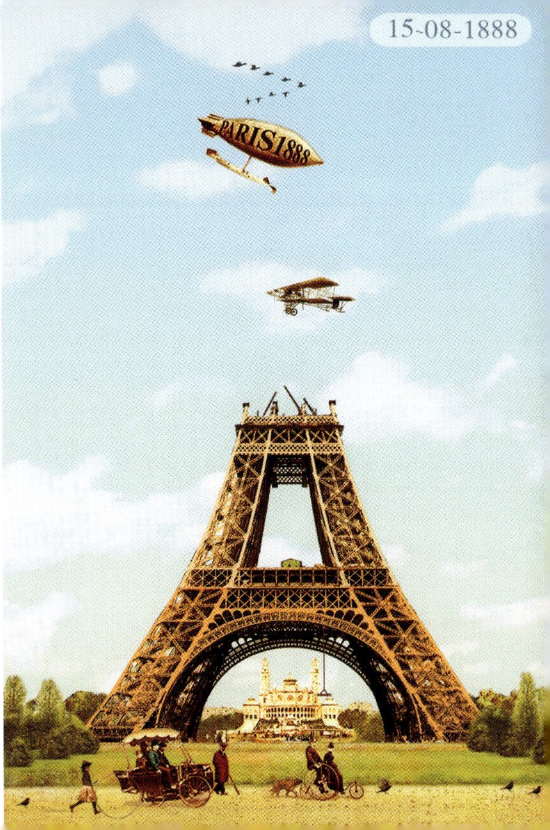

In December 88, a new strike is quickly resolved this time. An intermediary platform marks the transition from the second to the third floor. It will serve mainly as the junction for the future lift (see p.47).

Dicembre 88, uno sciopero nuovo trova questa volta una risoluzione rapida. Una piattaforma intermediaria segnala la transizione dal secondo al terzo piano. Funzionerà principalmente da giunzione per l'eventuale ascensore (vedere p 47).

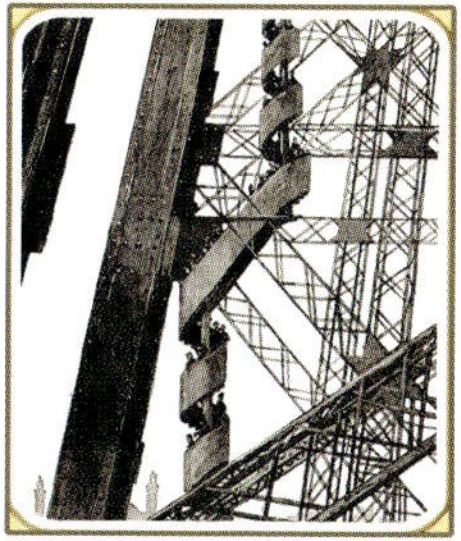

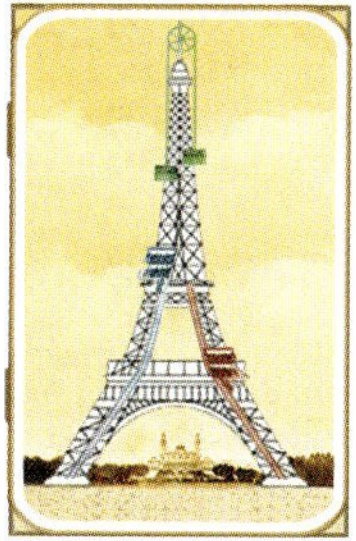

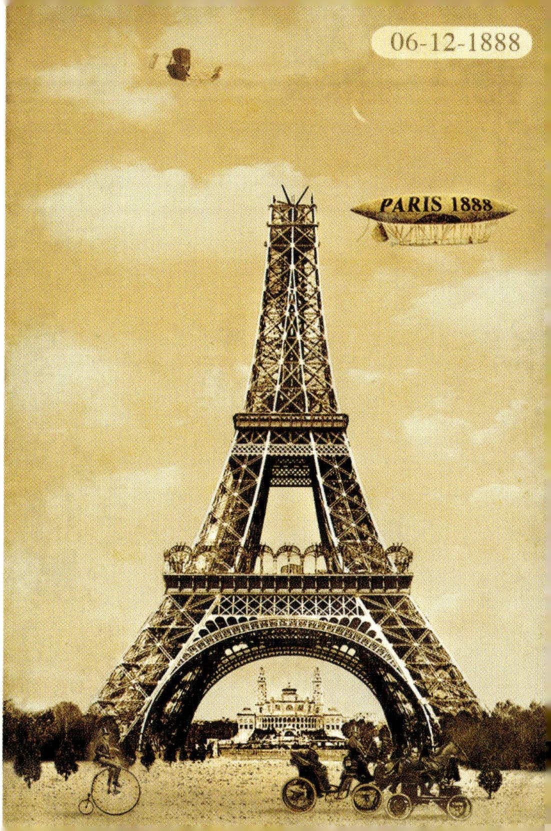

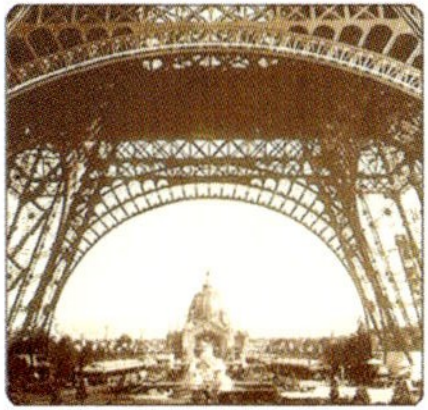

Tandis que la Tour continue de grimper, de grandes arches décoratives sont installées sous le pont du premier étage.

Mientras que la Torre sigue creciendo, grandes arcos decorativos se instalan bajo el puente del primer piso.

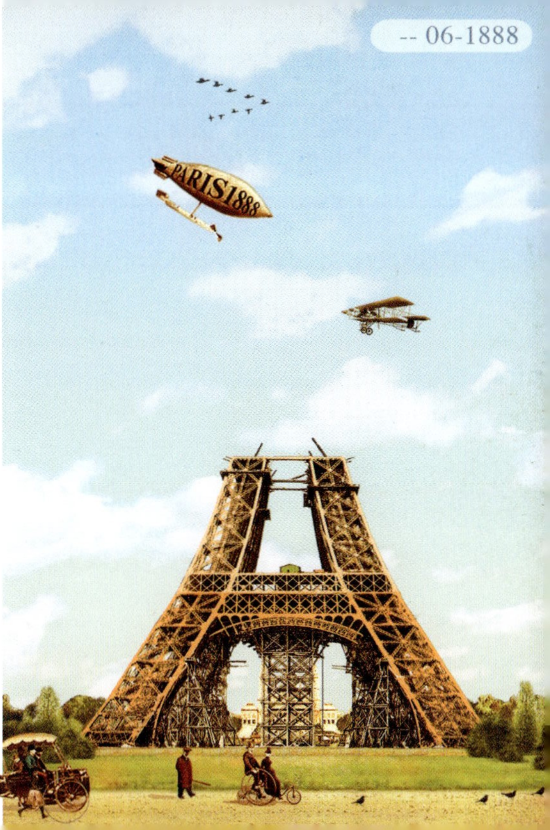

Fitting the rivets requires a well-drilled team of of four men: the "**mousse-man**" heats the rivet to more than 1100°, " **le teneur de tas**" (the anvil holder) holds the rivet with his own tool (a small anvil), the "**riveur**" forms the head of the rivet while "**le frappeur**" (the beater) seals it by beating it from the other side.

Fissare i rivetti richiede una squadra collaudata di quattro uomini: "**l'uomo-schiuma**" scalda il rivetto a più di 1100°, il "**tenore d'incudine**" lo tiene (con una piccola incudine), il "**rivettatore**" forma la testa mentre il "**battitore**" lo sigilla schiacciandolo dall'altra parte.

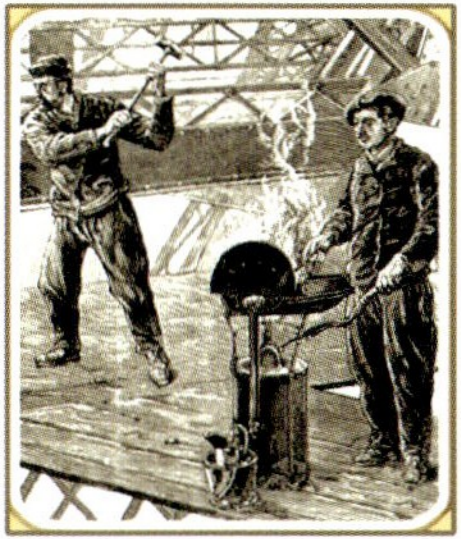

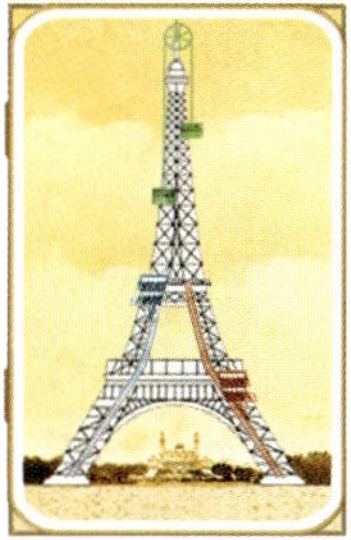

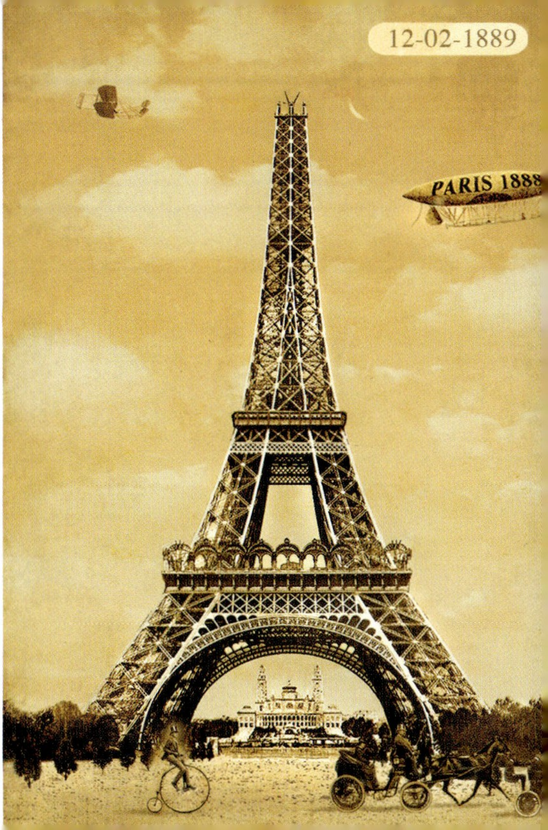

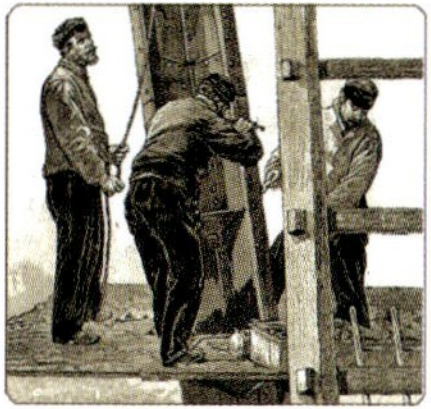

Dans les hauteurs, les ouvriers travaillent sur des passerelles en bois fixées autour des piliers. Ces structures sont régulièrement démontées puis réinstallées, suivant l'ascension de la construction.

En las alturas, los operarios se mueven mediante pasarelas de madera fijadas alrededor de los pilares. Estas estructuras se desmontan periódicamente y se reasientan, siguiendo la ascensión de la construcción.

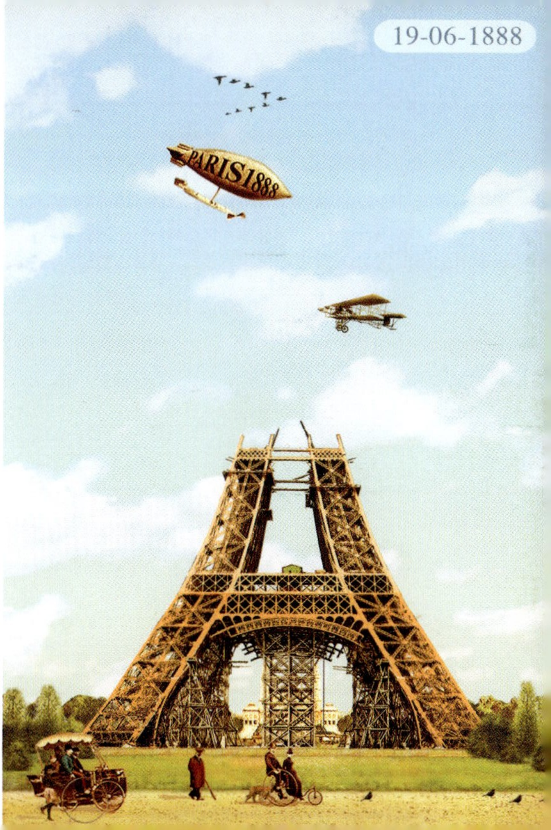

Since work began, between 150 and 250 men, mainly carpenters and riveters, have been working on the Tower. These are known as "the acrobats"or "the chimney sweeps".

Dall'inizio dei lavori da 150 a 250 operai lavorano alla Torre tutti i giorni. Si soprannominano "gli acrobati" oppure "i spazzacamini". Sono principalmente carpentieri e rivettatori.

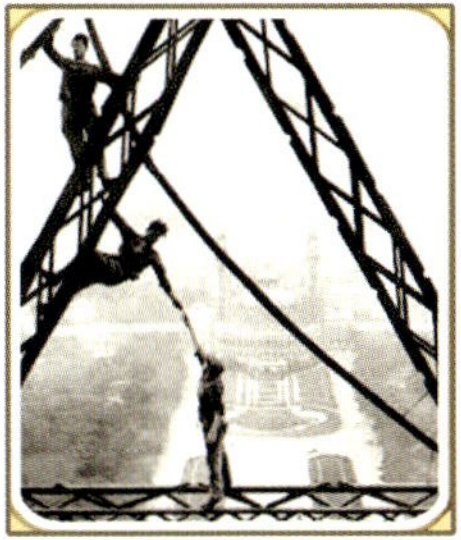

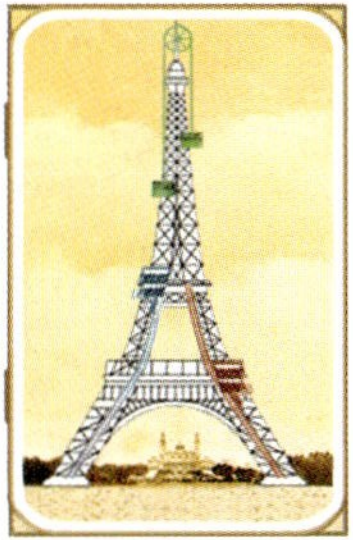

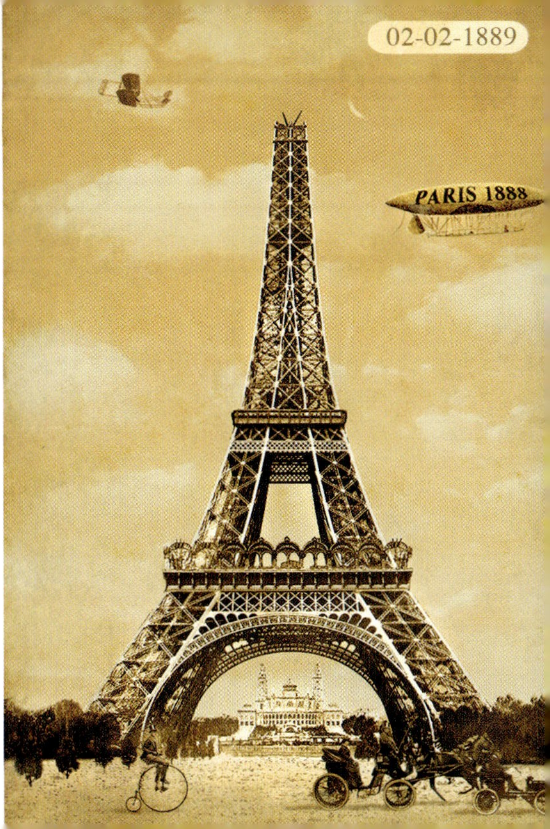

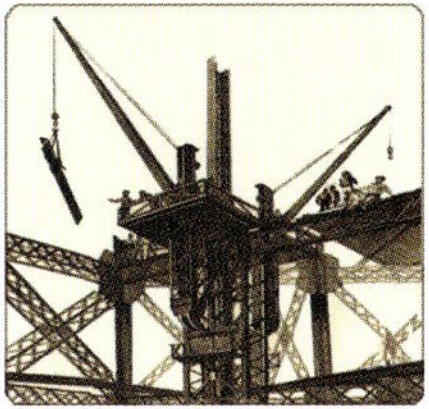

Un second treuil est bientôt implanté au second étage. Le nombre des grues est réduit de quatre à deux.

Pronto, un segundo cabestrante se instalará en el segundo piso. El número de grúas se reduce de cuatro a dos.

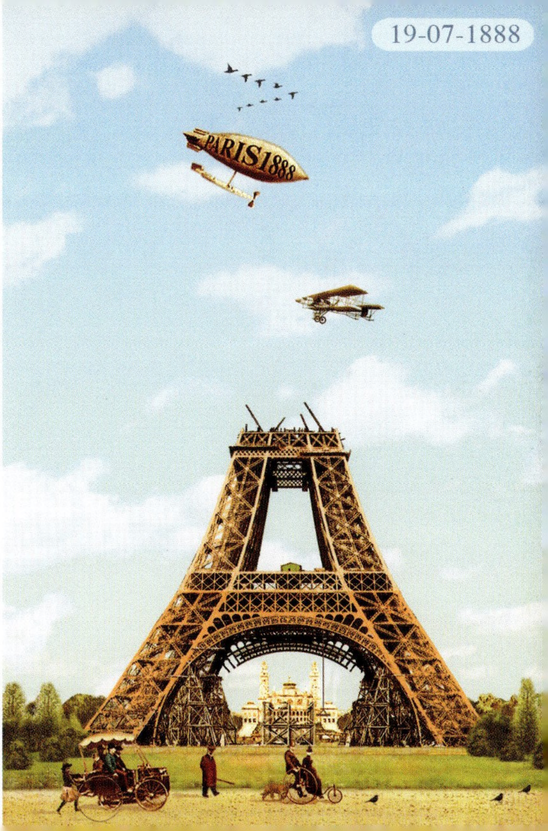

The first floor is embellished with a gallery of arcades (no longer there today). The names of 72 scientists are inscribed on the rim of the platform.

Il primo piano s'imbellisce di una galleria d'arcate (ormai scomparsa). Sono gravati lungo il bordo della piattaforma i nomi di settantadue illustri sapienti.

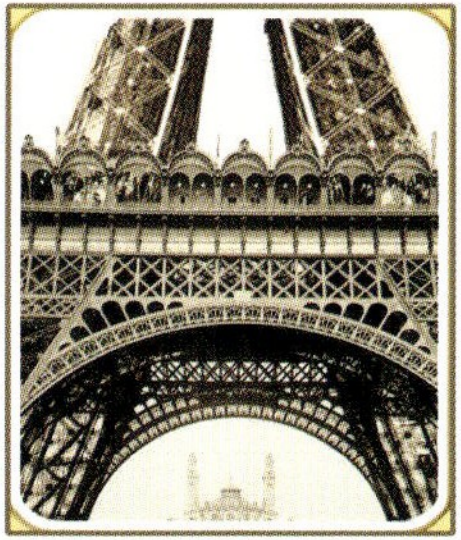

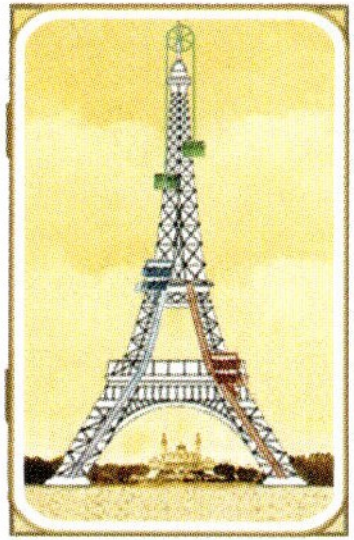

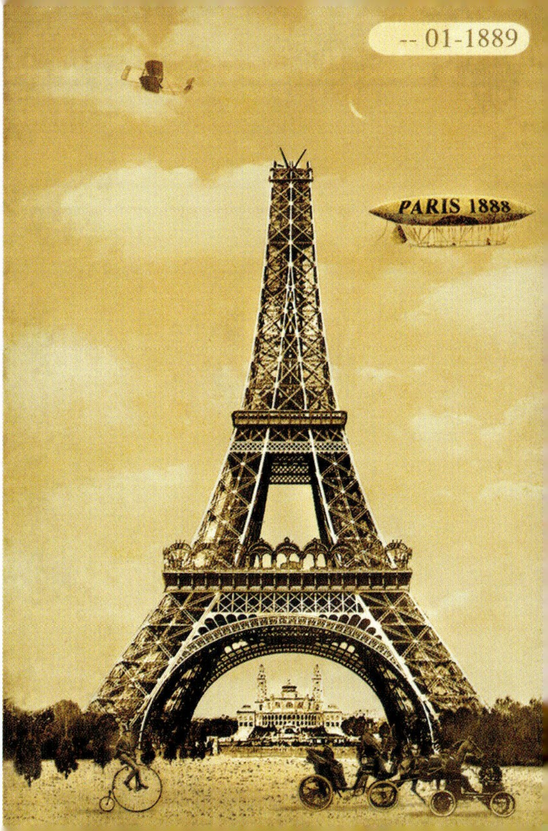

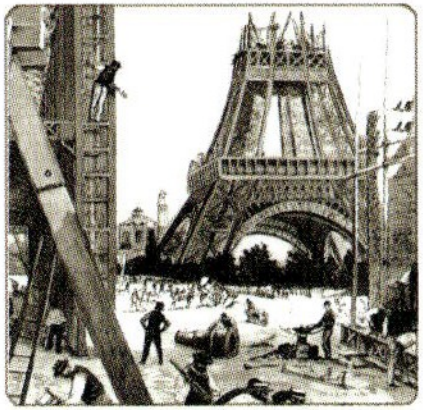

Le 15 août 1888, la plateforme du second étage, qui domine le sol à 115 mètres, est achevée.

El 15 de agosto de 1888 se completa la plataforma del segundo piso, cuya altura alcanza los 115 metros.

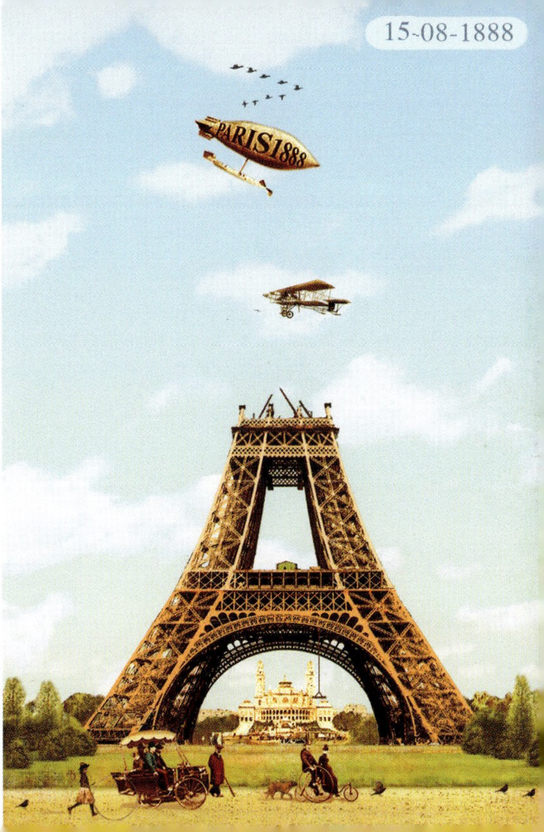

In December 88, a new strike is quickly resolved this time. An intermediary platform marks the transition from the second to the third floor. It will serve mainly as the junction for the future lift (see p.47).

Dicembre 88, uno sciopero nuovo trova questa volta una risoluzione rapida. Una piattaforma intermediaria segnala la transizione dal secondo al terzo piano. Funzionerà principalmente da giunzione per l'eventuale ascensore (vedere p 47).

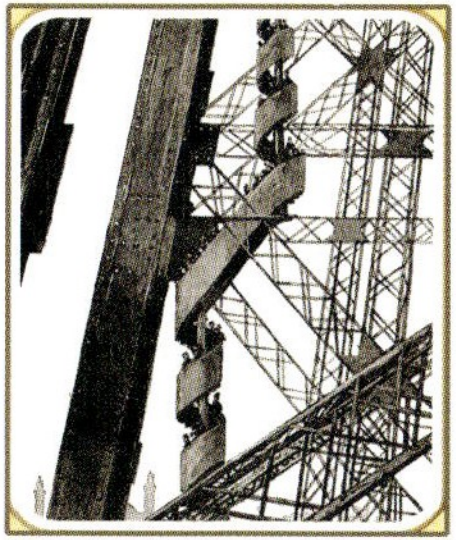

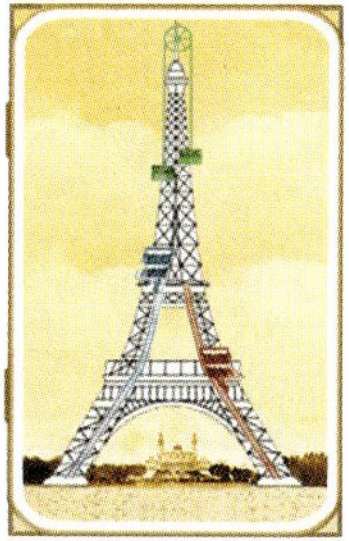

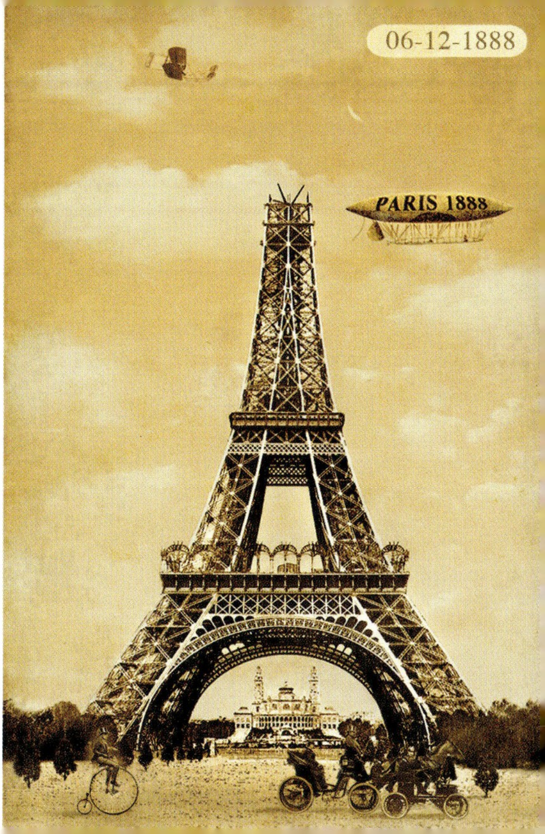

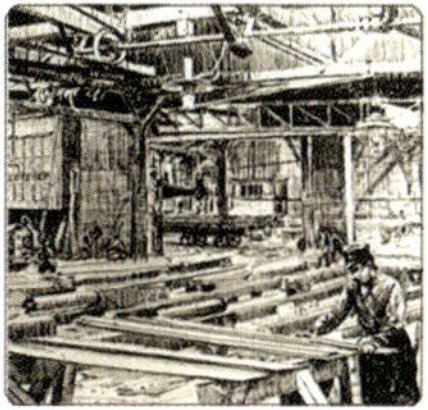

Cette si rapide progression du chantier doit beaucoup au travail effectué à 5 kilomètres de là, dans les ateliers Eiffel de Levallois-Perret.

Esta rápida progresión de la obra se debe, en gran medida, al trabajo realizado a 5 kilómetros de esta, en los estudios de Eiffel de Levallois-Perret.

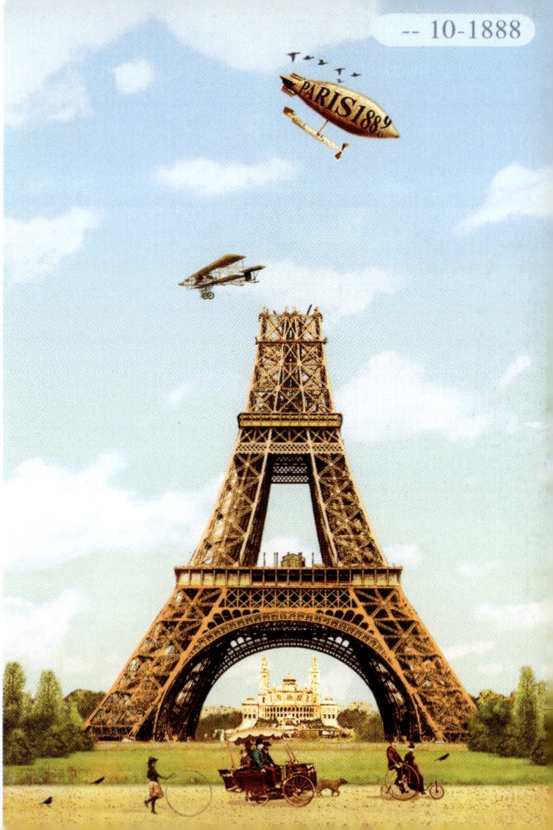

While the Tower grew by 10 meters a month between the first and second floors, it now rises by 30 meters a month up to its final height !

Mentre guadagnava 10 metri al mese fra il primo e il secondo livello, la Torre ormai cresce verso il suo culmine alla velocità di 30 metri al mese!

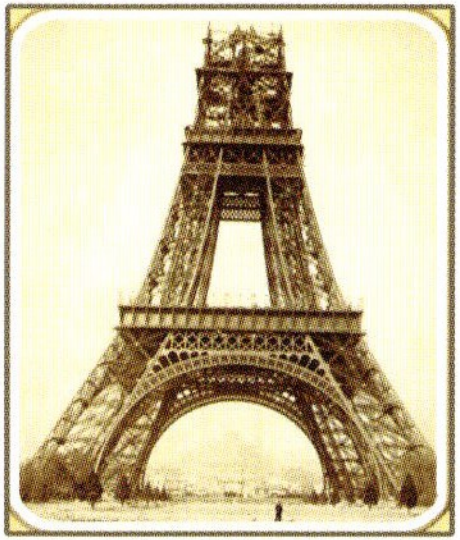

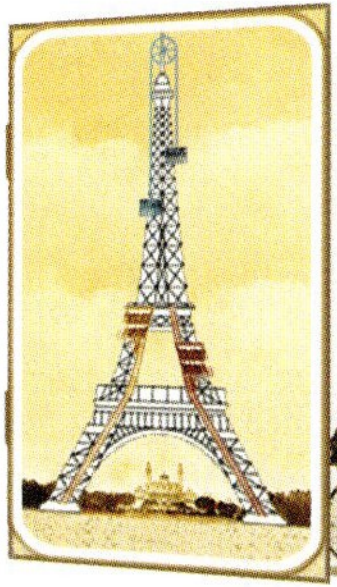

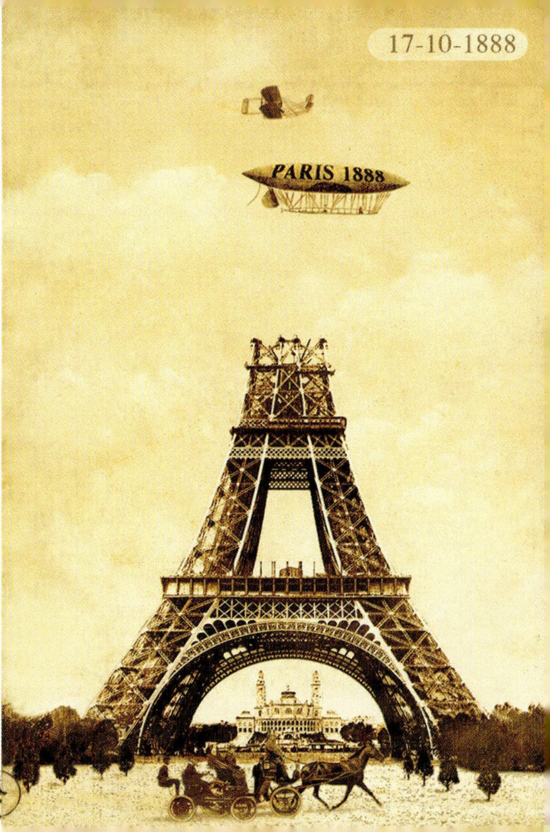

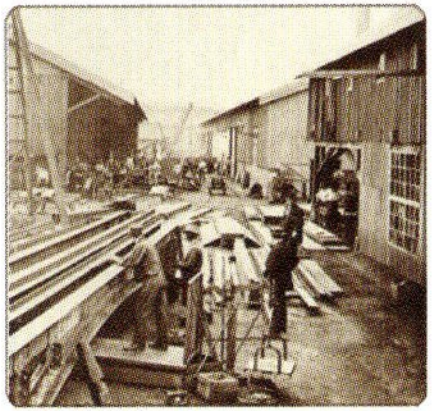

Là-bas, les 18 038 pièces du puzzle qui composent l'édifice sont tracées, découpées, percées et préassemblées au sol par tronçon de 5 mètres.

Allí, las 18 038 piezas del rompecabezas que componen el edificio son trazadas, cortadas, perforadas y pre-ensambladas en el suelo por secciones de 5 metros.

-- 10-1888

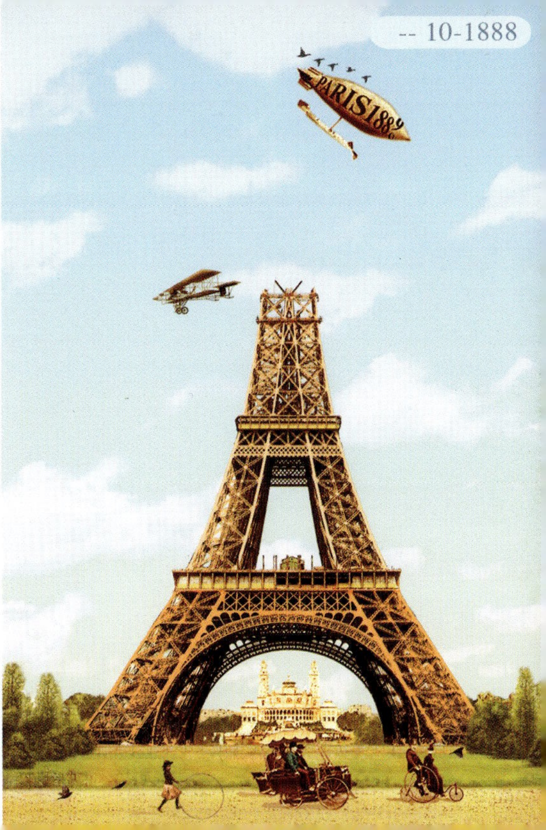

After tough negotiations, Eiffel raises his workers' wages. They are now working 12hrs a day in summer and 9hrs in winter.
The work can continue.

In seguito ad ardue discussioni, Eiffel aumenta il salario dei suoi lavoratori, i quali d'estate lavorano 12 ore al giorno, e 9 ore d'inverno.
Il lavoro può riprendere.

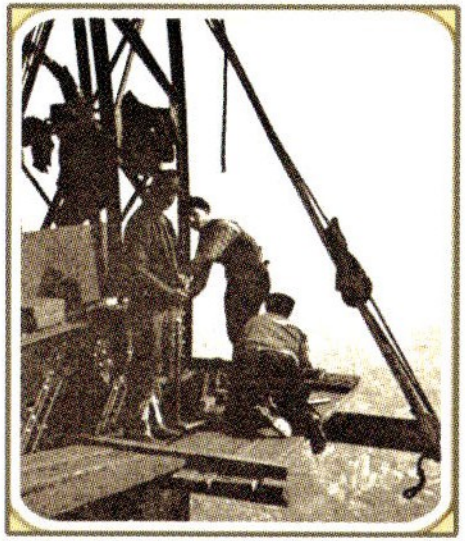

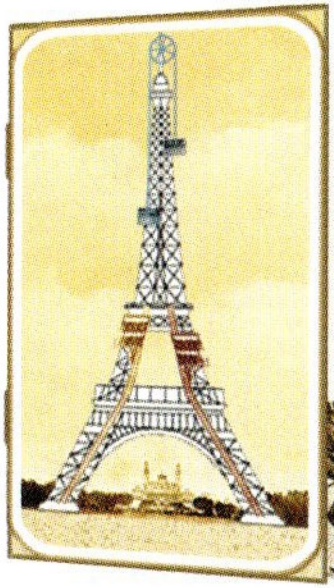

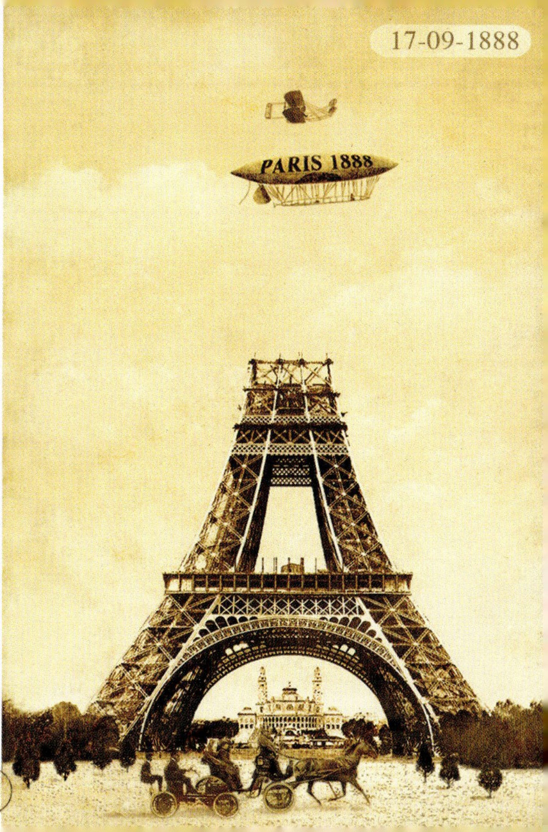

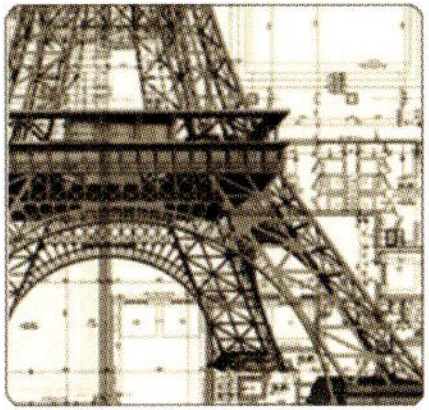

C'est le travail des 150 « **gars du plancher des vaches** », comme on les surnomme, exécuté à partir des quelques 700 plans et 5300 dessins de tous les éléments.

Es el trabajo de 150 hombres "**con los pies en el suelo**", como se les llama, ejecutado a partir de unos 700 planos y 5300 diseños de todos los elementos.

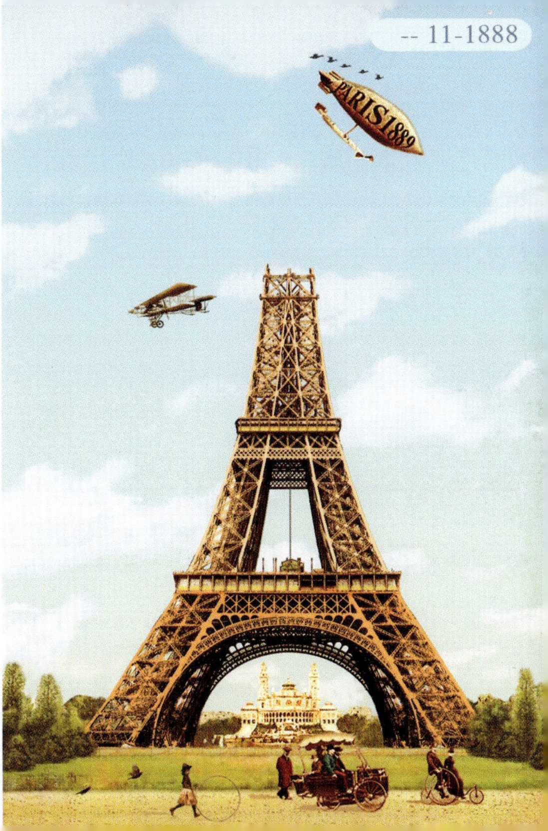

There are only seven and a half months left to reach the top before the inauguration ! In September, the workers go on a strike which puts this crucial target in doubt.

Mancano allora appena sette mesi e mezzo per giungere l'apice prima dell'inaugurazione! A settembre i lavoratori entrano in sciopero, mettendo a rischio questo traguardo cruciale.

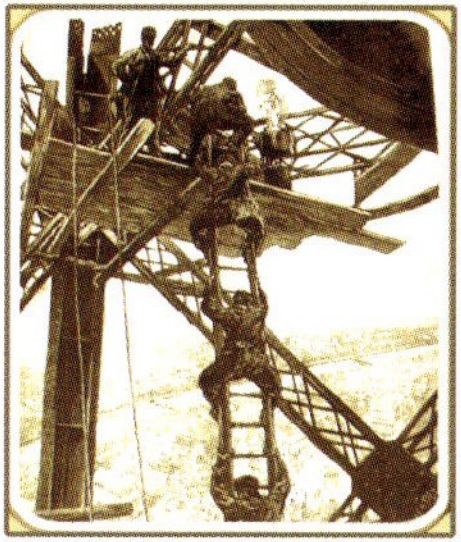

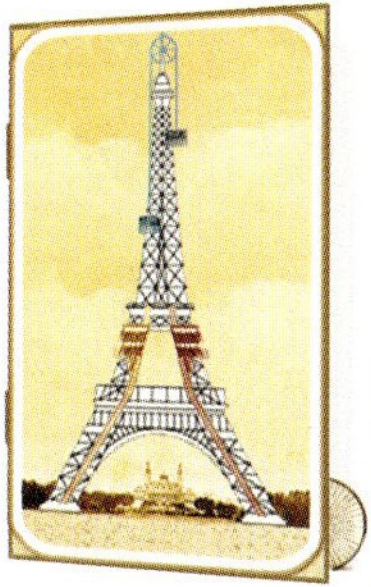

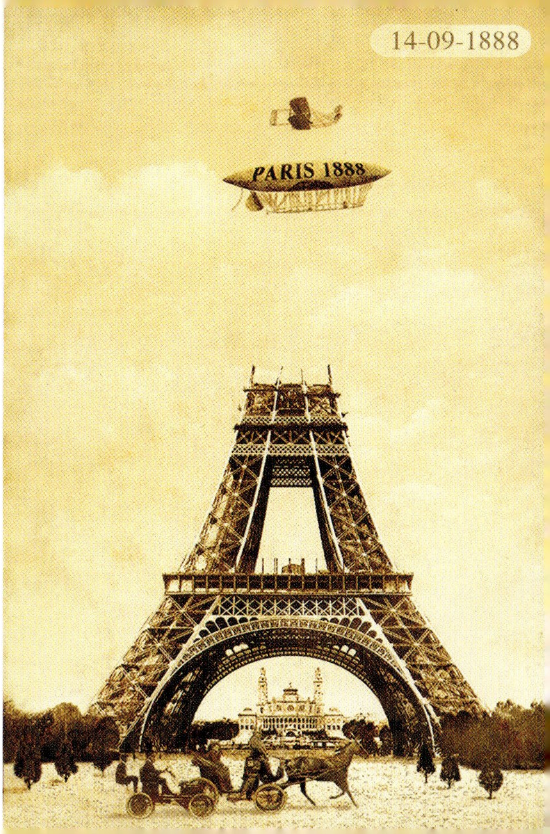

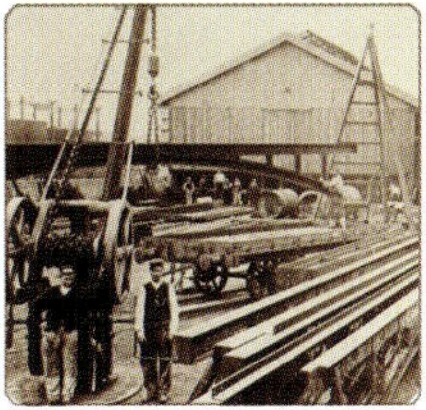

Chaque mois, des attelages emportent ainsi sur le chantier plus de 400 tonnes de poutres et de treillis prêts à l'assemblage.

Cada mes, los carruajes transportan a la obra más de 400 toneladas de vigas y enrejados, listos para su montaje.

28-11-1888

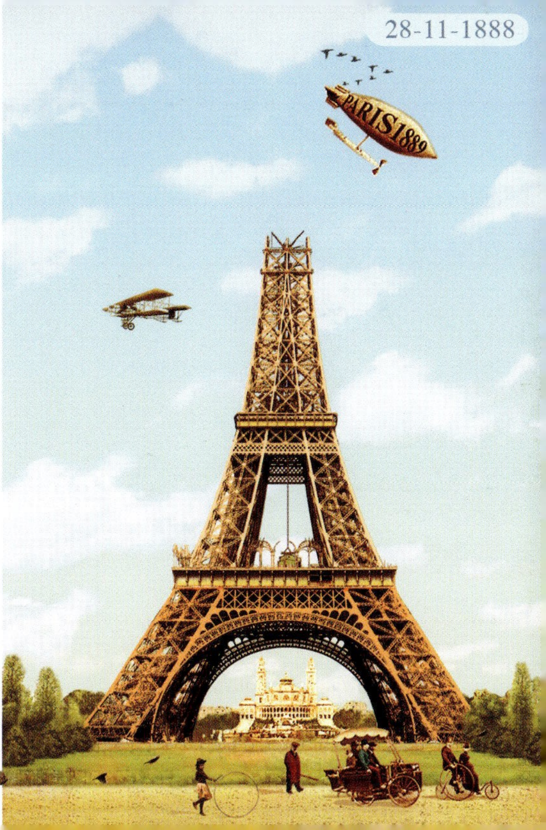

Once the arches for the first floor are in place, the scaffolding on the ground can be dismantled.

Appena installati gli archi del primo piano, si può smantellare le scaffalature al suolo.

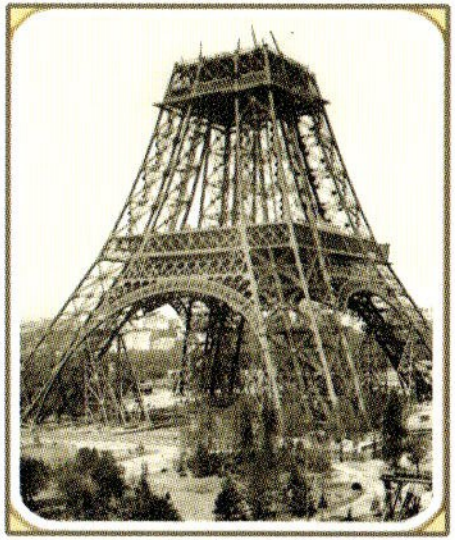

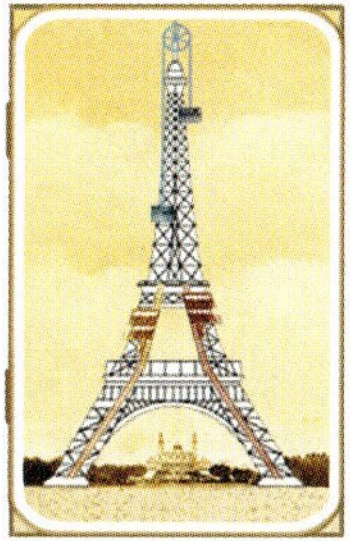

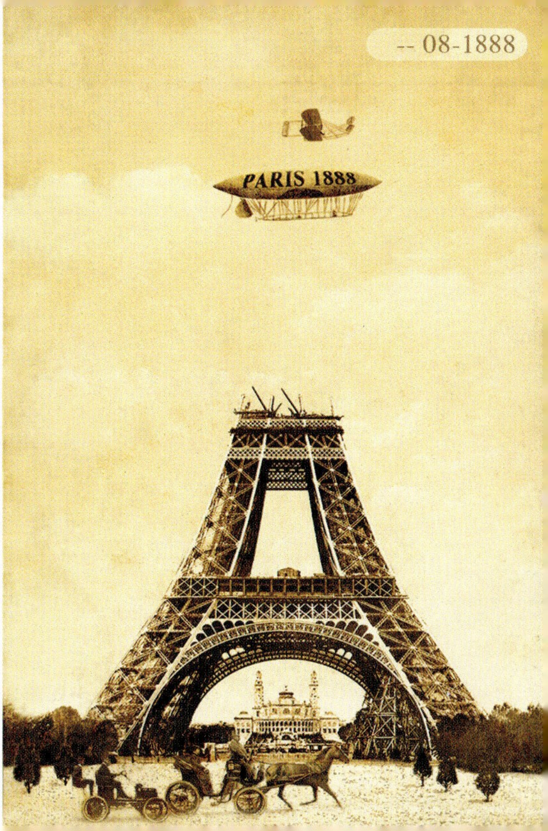

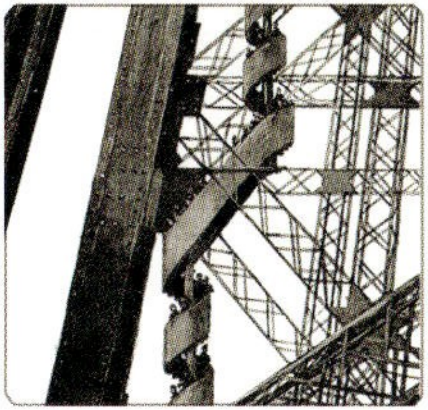

Décembre 88, nouvelle grève rapidement négociée cette fois-ci. Une plateforme intermédiaire marque le trajet du second au troisième étage. Elle servira notamment de jonction pour le futur ascenseur (voir p.47).

Diciembre del 88, nueva huelga, esta vez, rápidamente negociada. Una plataforma intermedia marca el trayecto del segundo al tercer piso. Principalmente, servirá de unión para el futuro ascensor (ver p.47).

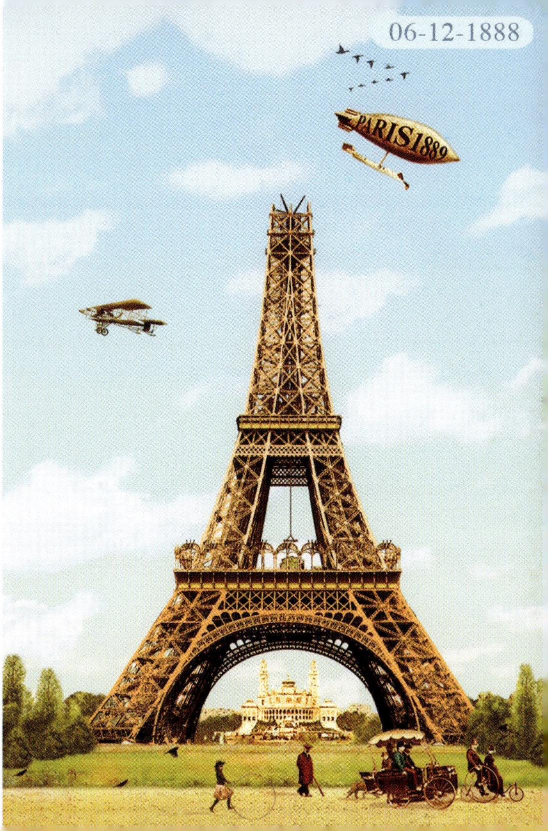

On August 15th, 1888, the platform for the second floor, which rises 115 meters above the ground, is completed.

Il 15 agosto 1888 la piattaforma del secondo piano, che s'innalza a 115 metri dal suolo, è completata.

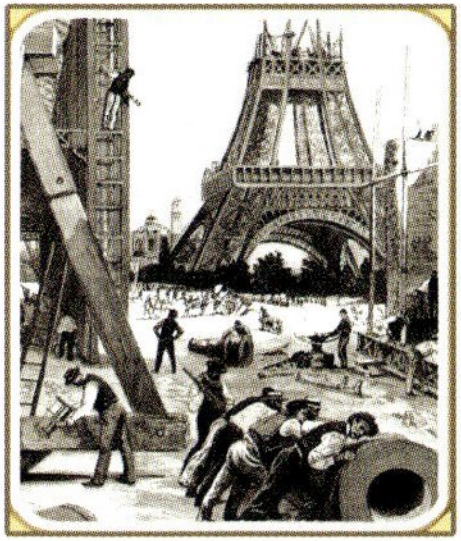

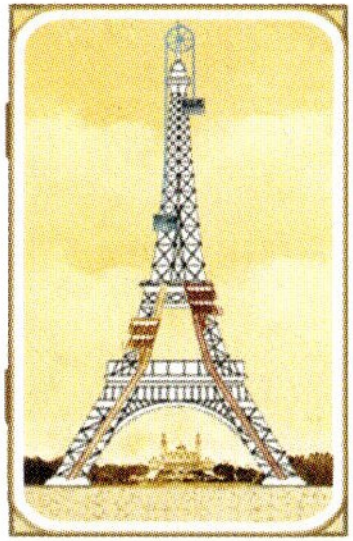

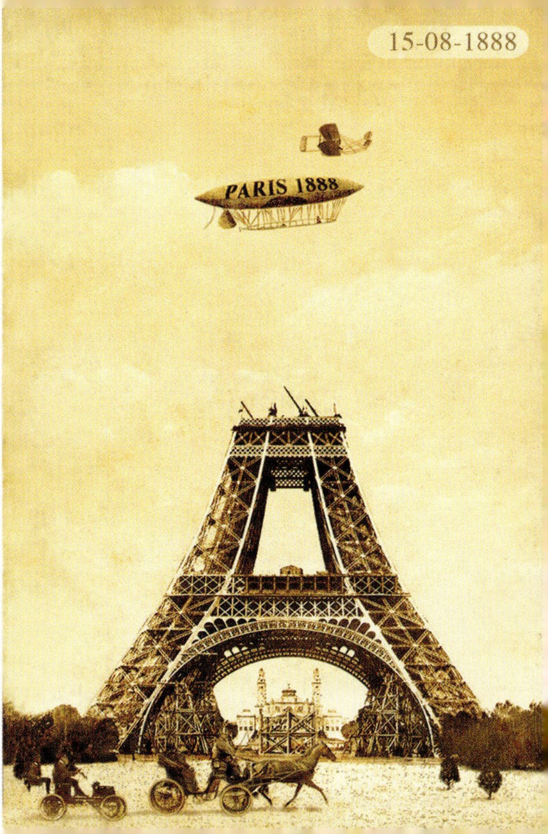

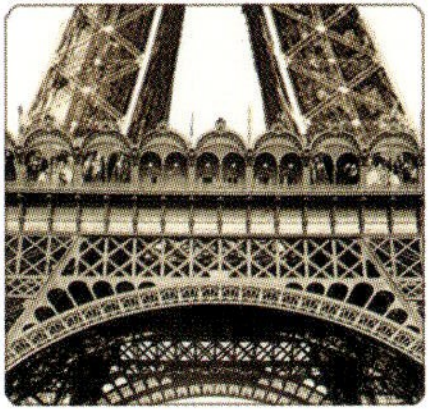

Le premier étage s'embellit d'une galerie d'arcades (disparue aujourd'hui). Les noms de soixante-douze savants illustres sont gravés sur la périphérie de la plateforme.

El primer piso se adorna con una galería de arcos (desaparecida actualmente). Los nombres de setenta y dos científicos ilustres son grabados a lo largo del perímetro de la plataforma.

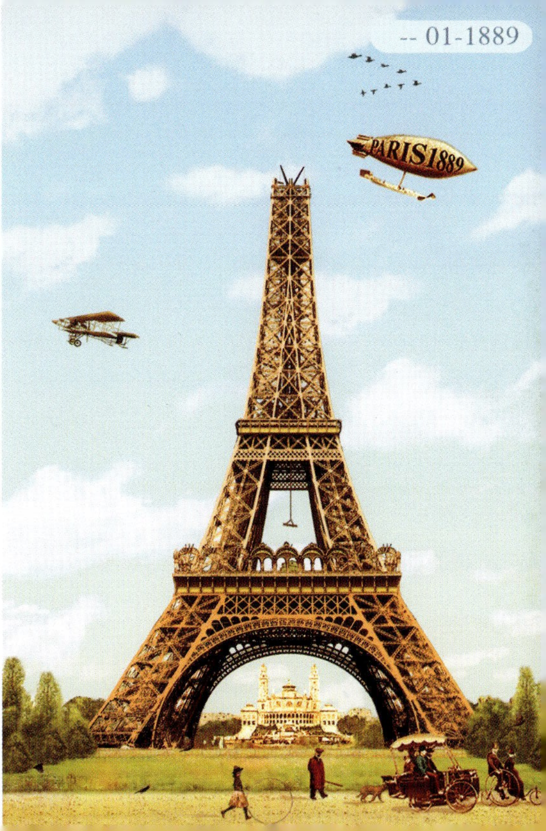

A second steam-winch is soon set up on the second floor. The number of cranes in use is halved from four to two.

Un secondo argano viene presto montato sul secondo piano. Il numero di gru è ridotto da quattro a due.

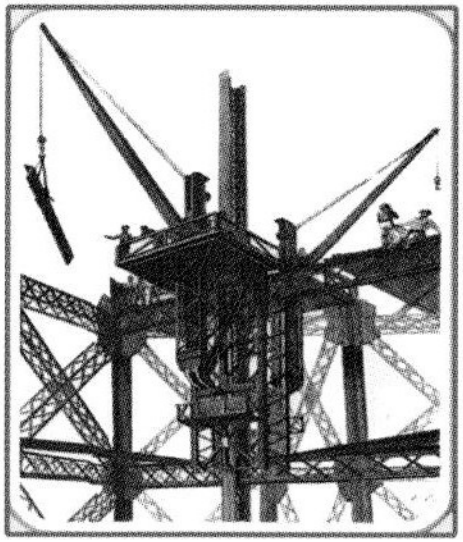

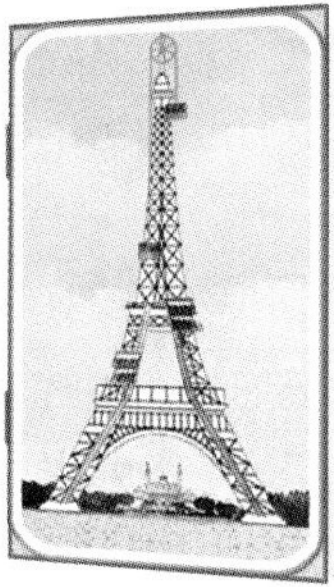

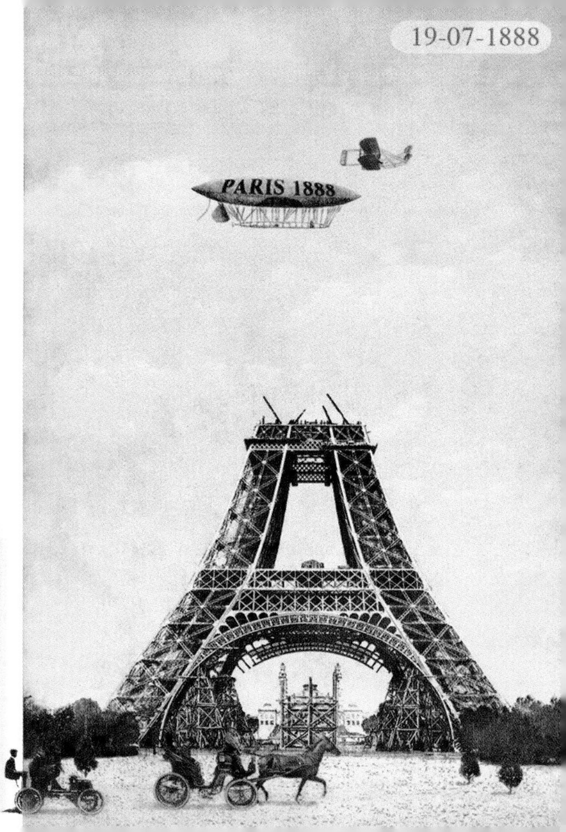

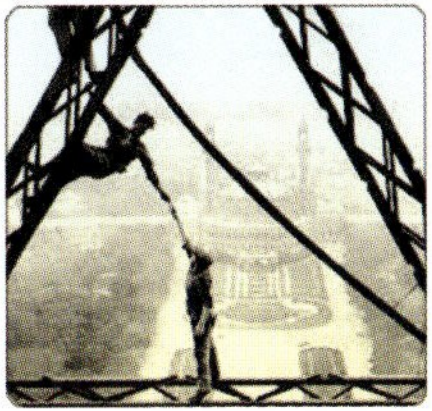

Depuis le début du chantier, de 150 à 250 ouvriers travaillent quotidiennement à la Tour. On les appelle « **les voltigeurs** » ou encore« **les ramoneurs** ». Ce sont principalement des charpentiers et des riveurs.

Desde el comienzo de la obra, entre 150 y 250 operarios trabajan diariamente en la Torre. A estos, mayoritariamente carpinteros y remachadores, se les denomina "**acróbatas**" o "**deshonilladores**".

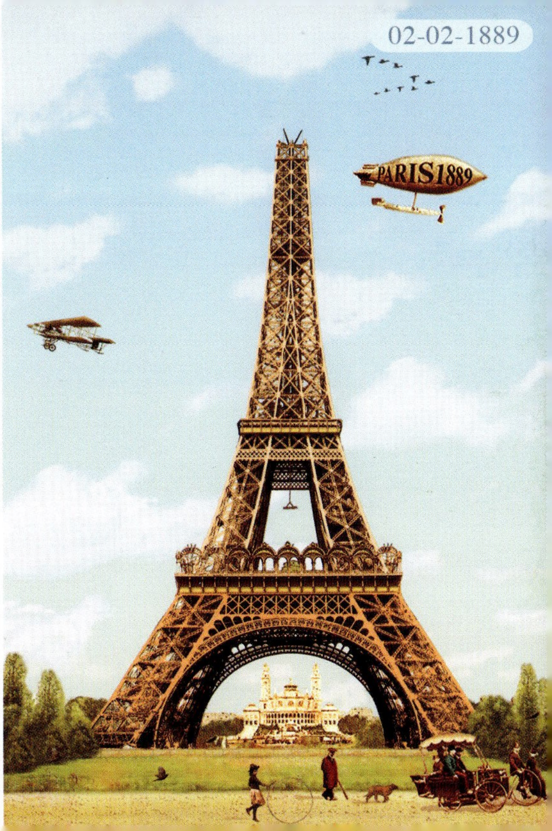

Hight above, the workmen move about on wooden walkways fitted around the pillars. These structures are regularly disassembled and reinstalled, following the ascent of the construction.

Nelle alture, i lavoratori si muovono su delle passerelle di legno fissate intorno a dei pilastri. Queste strutture sono regolarmente smontate e reinstallate, seguendo così l'ascesa della costruzione.

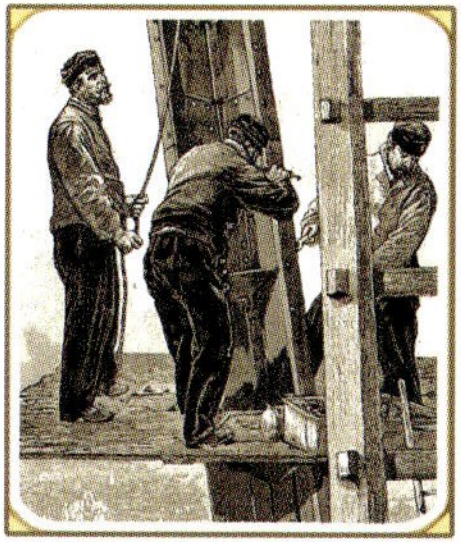

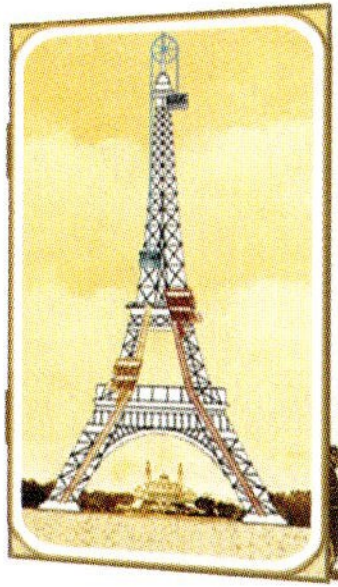

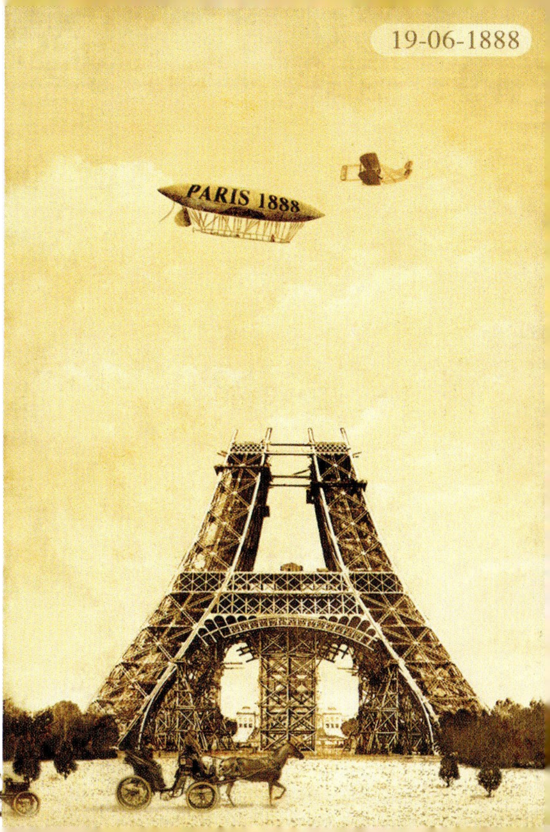

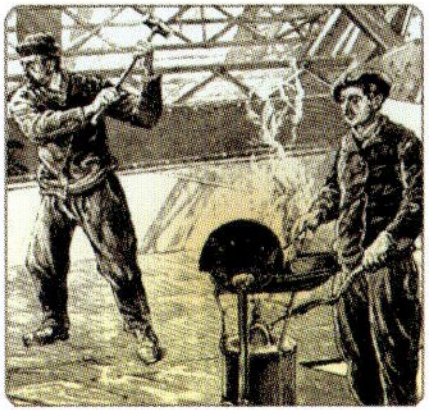

La pose des rivets nécessite une équipe bien rodée de quatre hommes : **le mousse** chauffe le rivet à plus de 1100°, **le teneur de tas** le maintient avec son outil (le tas), **le riveur** forme la tête tandis que **le frappeur** le scelle en l'écrasant de l'autre côté.

La instalación de los remaches requiere de un equipo bien preparado con cuatro hombres : **el mousse**, calienta el remache a más de 1100°, **el teneur de tas** lo mantiene con su herramienta (el yunque), **el riveur** da forma a la cabeza del remache mientras que **el frappeur** la sella aplastándola desde el otro lado.

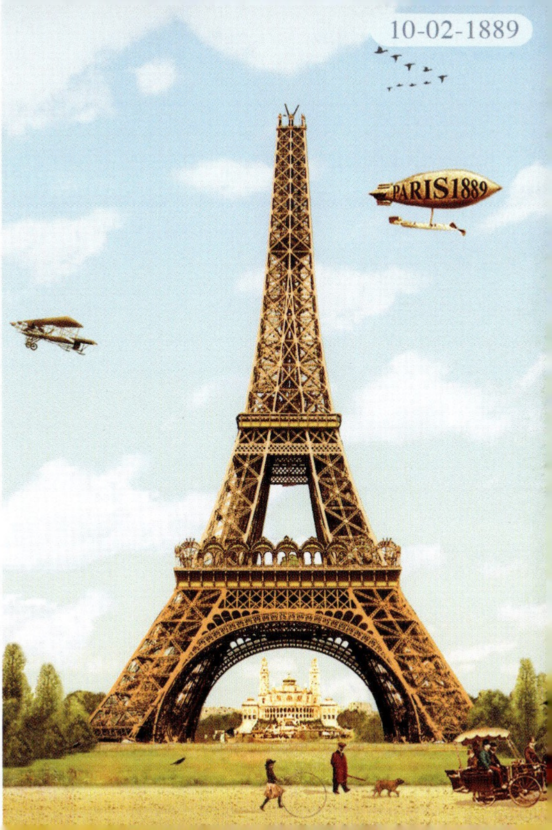

While the Tower continues to rise, large ornamental arches are installed below the first floor deck.

Mentre la Torre continua ad arrampicare, si realizzano dei grandi archi decorativi sotto il ponte del primo piano.

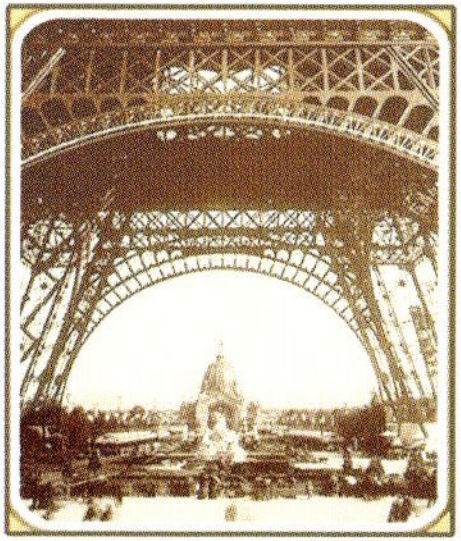

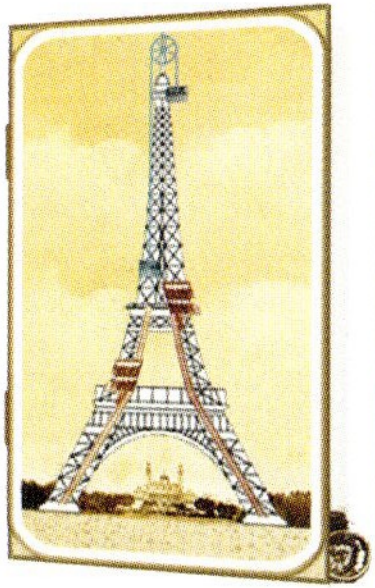

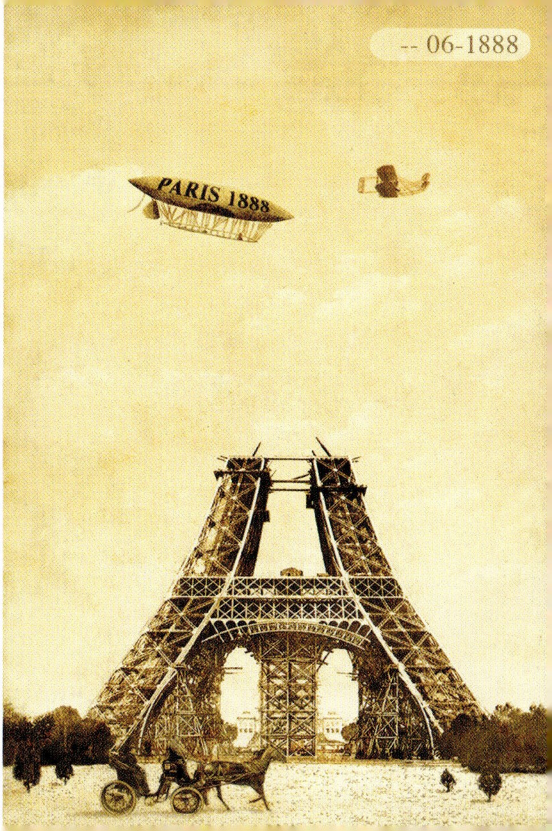

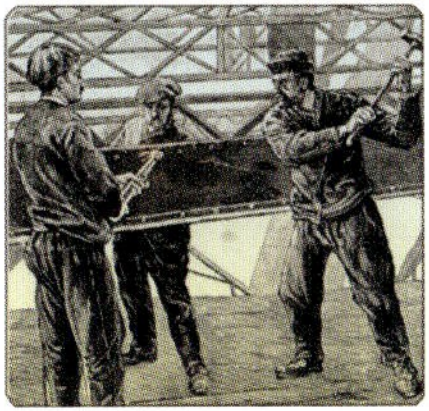

Ainsi, 2 500 000 rivets, dont les deux tiers déjà posés à l'atelier, seront nécessaires à l'assemblage de ce gigantesque meccano® !

¡Así pues, 2 500 000 remaches, de los cuales dos tercios ya han sido colocados en el taller, serán necesarios para el montaje de este gigantesco meccano®!

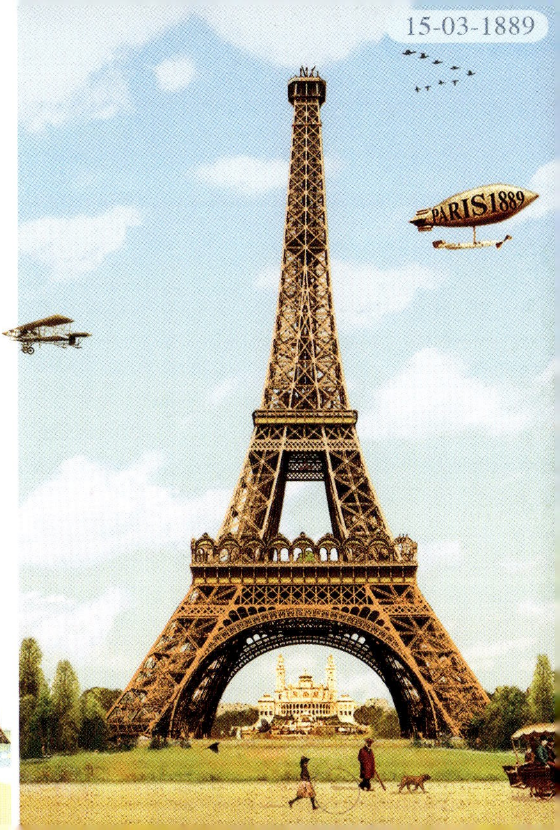

However, the bridging of the second floor goes perfectly. It is now the end of June 1888, one year after the start of work.

Tuttavia, la giunzione del secondo piano si svolge perfettamente. Siamo a fine giugno 1880, un anno dopo l'inizio dell'elevazione.

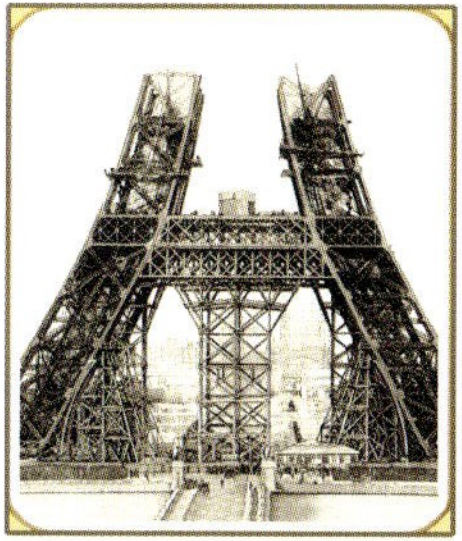

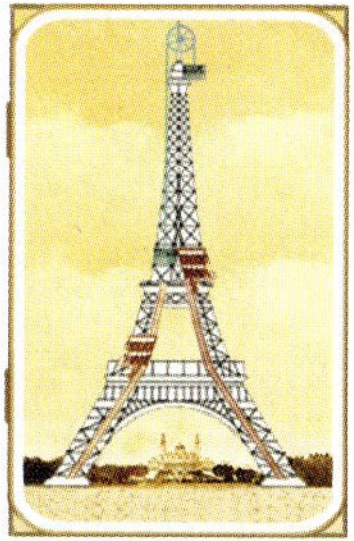

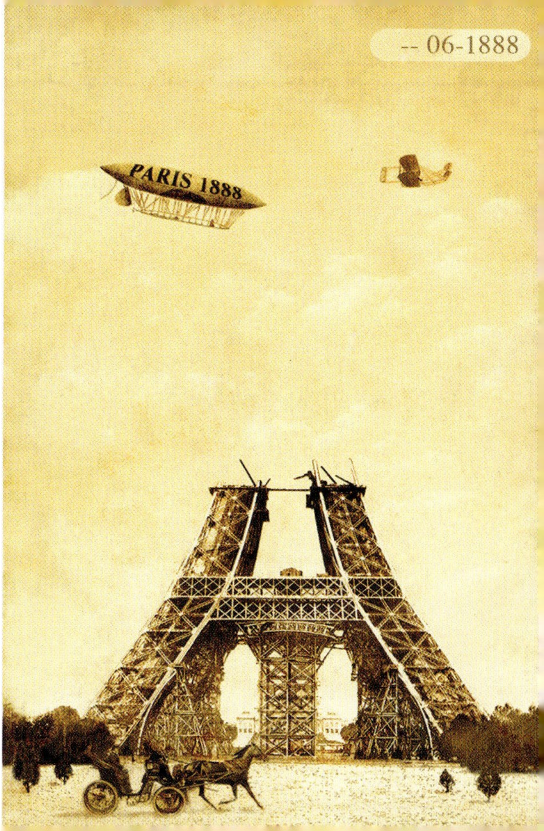

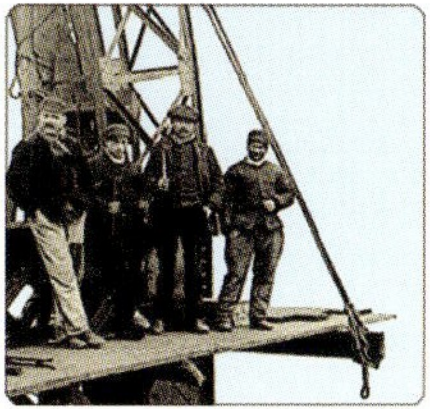

Dans des conditions extrêmes, acrobatiques et vertigineuses, avec le vent et le froid, on ne déplore qu'un seul accident mortel durant la construction : un ouvrier italien fait une chute, lors d'une démonstration à sa fiancée, le chantier achevé !

En condiciones de extrema dificultad, acrobáticas y vertiginosas, contra el viento y el frío, durante la obra solamente hay que lamentar un único accidente mortal : un obrero italiano cae mientras enseña la torre a su prometida ¡ La construcción concluye !

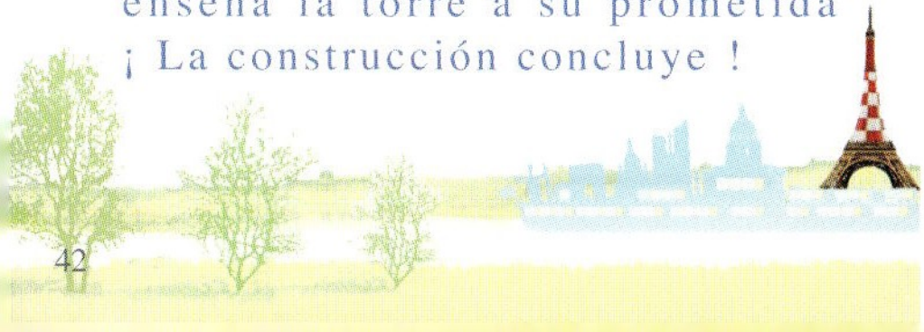

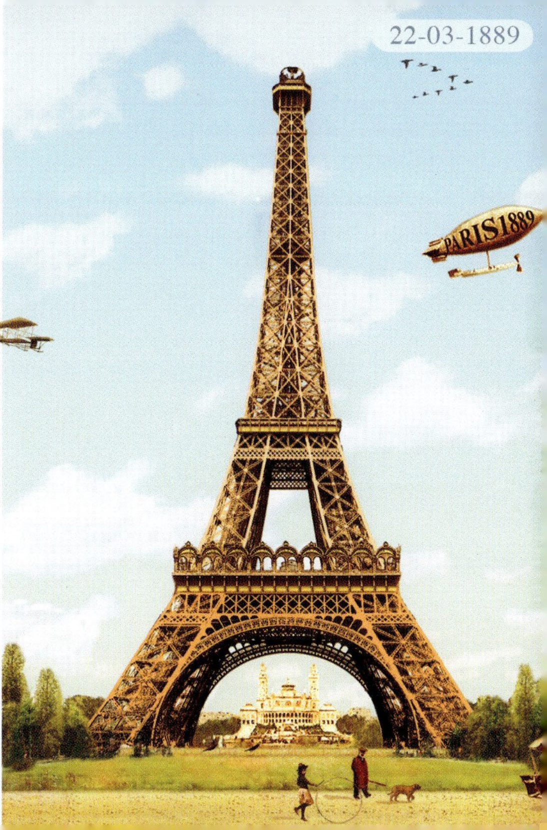

The next level is ready to go. This time there will be no sand boxes and no hydraulic jacks to adjust the slope ...

Il prossimo livello si avvicina. Questa volta però niente scatole di sabbia neppure dei cilindri idraulici per regolare gli obliqui.

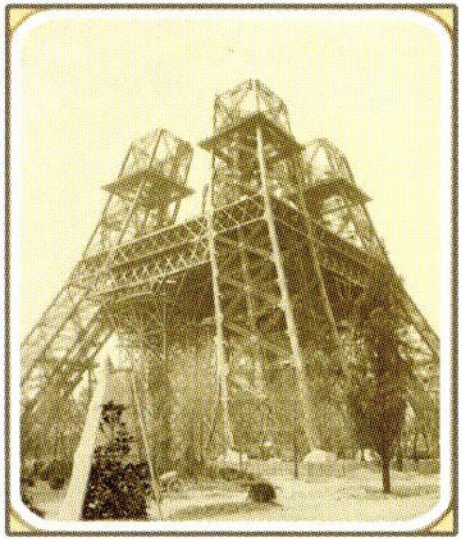

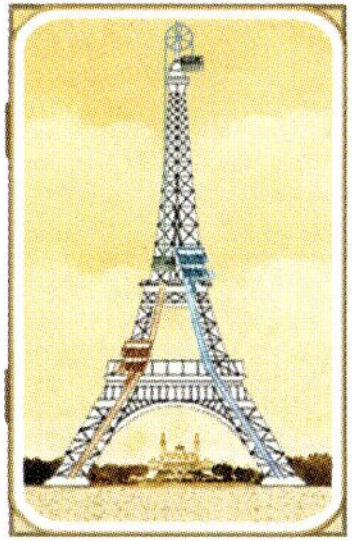

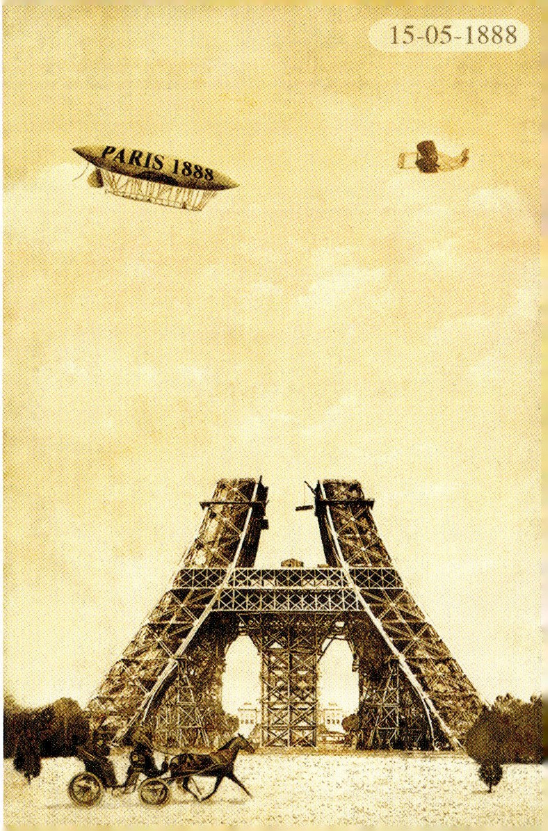

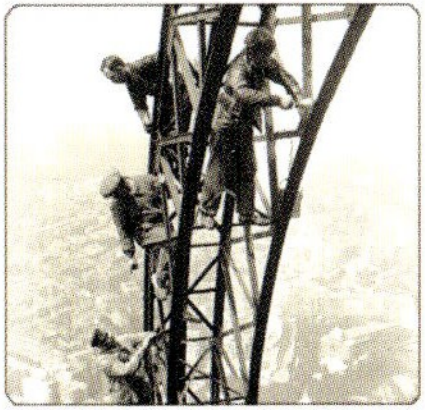

Construite en un temps record de deux ans, deux mois et cinq jours, la Tour Eiffel est enfin inaugurée le 31 mars 1889, un peu plus d'un mois avant l'ouverture de l'Exposition Universelle.

Construido en un tiempo récord de dos años, dos meses y cinco días, la Torre Eiffel queda finalmente inaugurada el 31 de marzo de 1889, poco más de un mes antes de la apertura de la Exposición Universal.

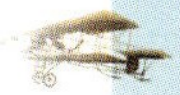

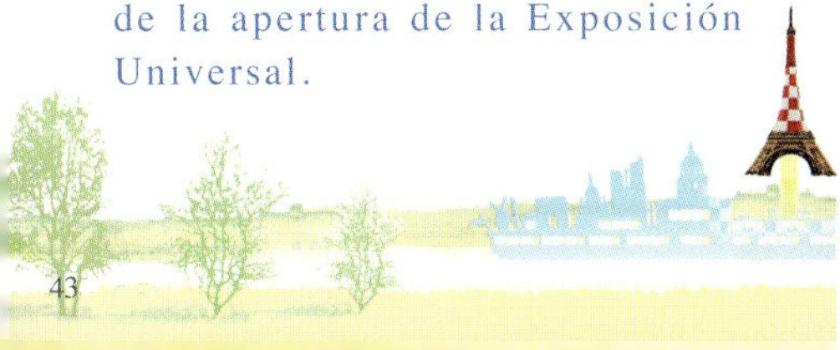

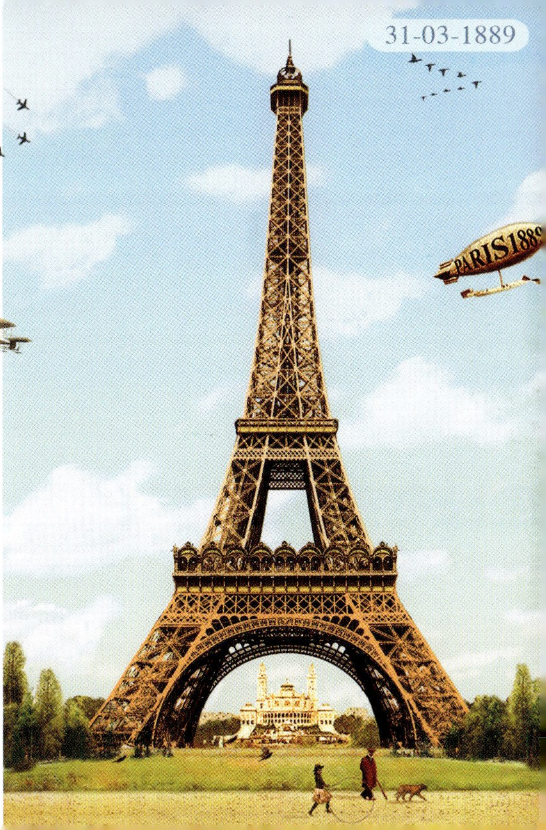

These same tracks will later be used for the lifts.

Queste stesse guide serviranno più tardi come vie per gli ascensori.

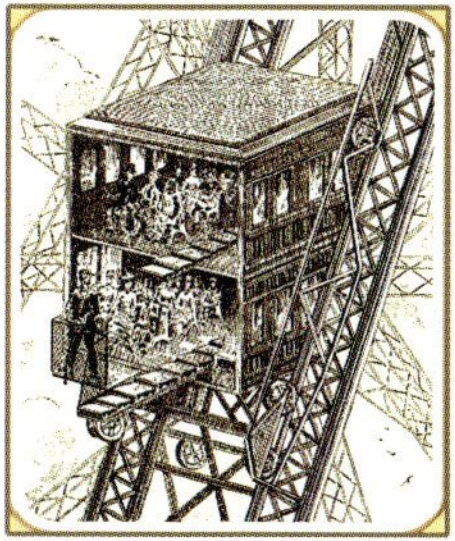

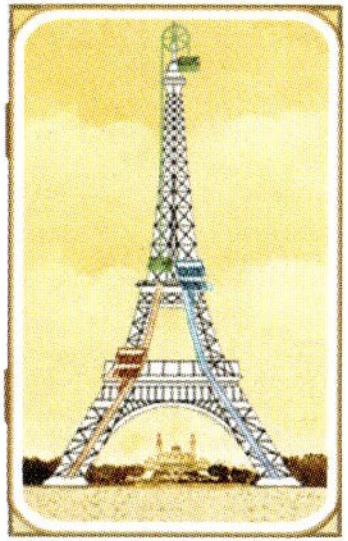

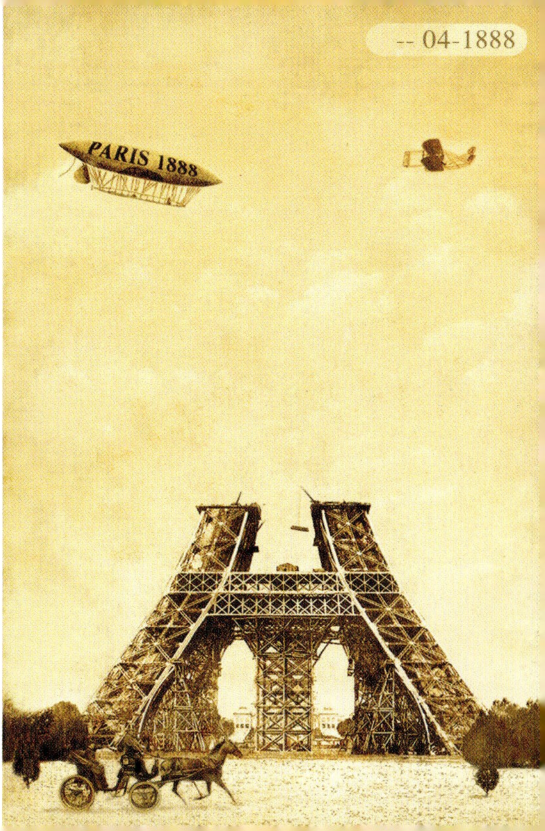

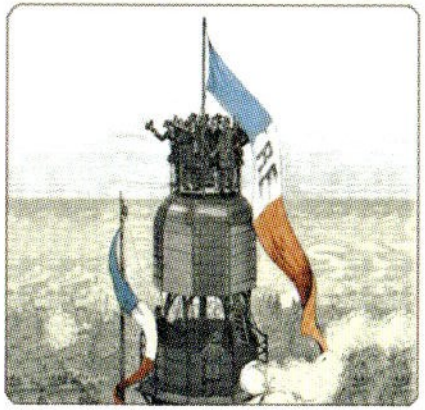

Après avoir gravi 1 710 marches, suivi de quelques personnalités essoufflées, Eiffel hisse le drapeau tricolore, à 310 mètres au-dessus du sol de la capitale.

Después de haber subido 1 710 escalones, por delante de alguna personalidad sin aliento, Eiffel iza la bandera tricolor a 310 metros sobre el suelo de la capital.

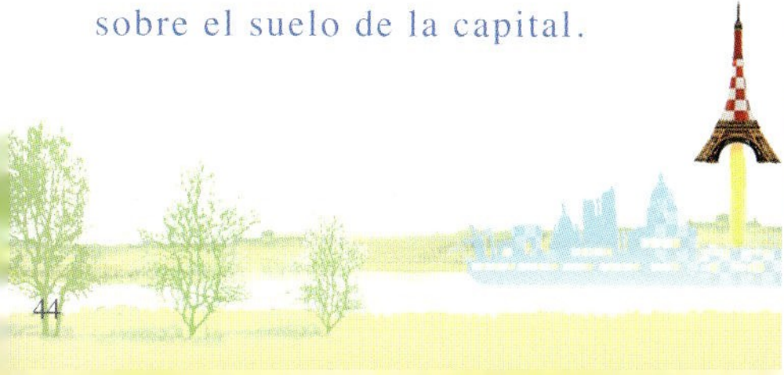

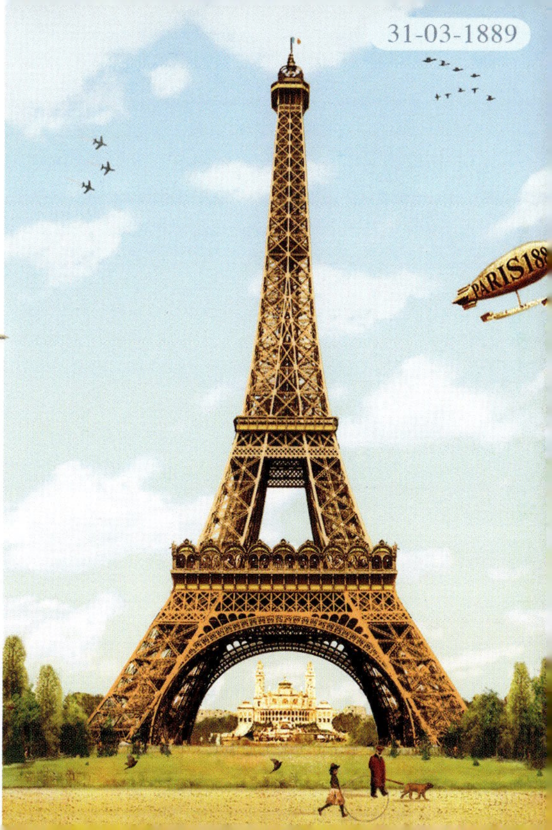

Beyond 15 meters, cranes followed the ascent by climbing rails built inside the pillars of the tower.

Al di là di 15 metri, delle gru seguono l'ascesa arrampicandosi lungo delle guide adattate all'interno dei pilastri.

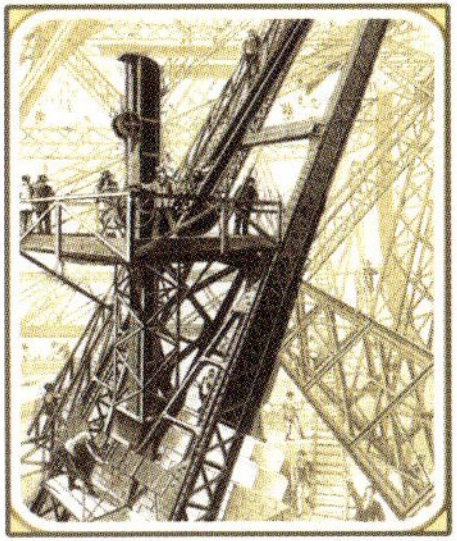

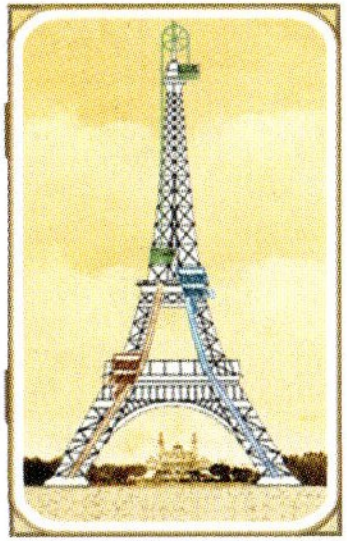

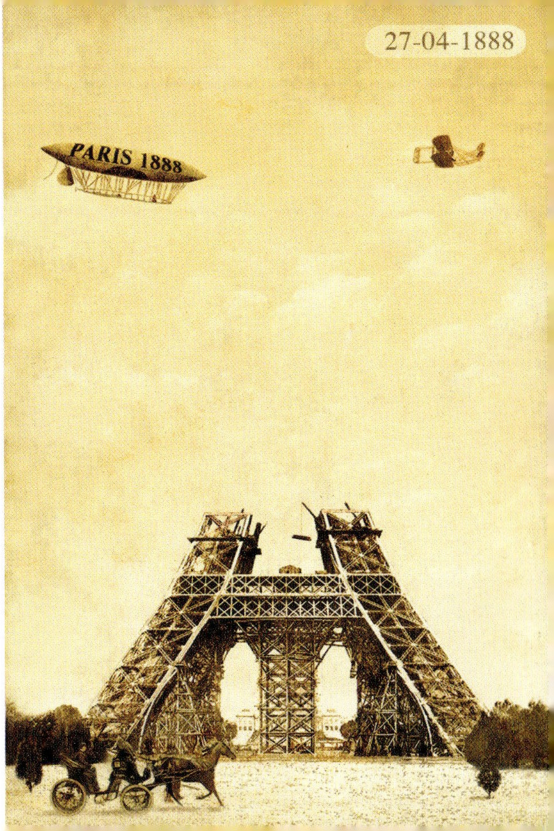

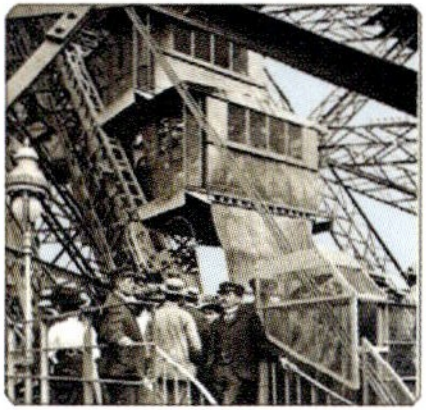

Pour autant, les travaux ne sont pas terminés. Depuis janvier, chaque pilier se dote d'un ascenseur dont l'imposante machinerie fait appel à une technologie sans précédent.

Sin embargo, los trabajos no han concluido. Desde enero, cada pilar cuenta con un ascensor cuya impresionante maquinaria utiliza tecnología sin precedentes.

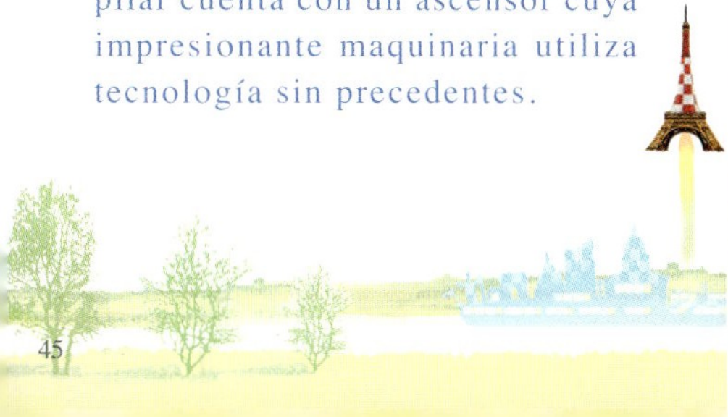

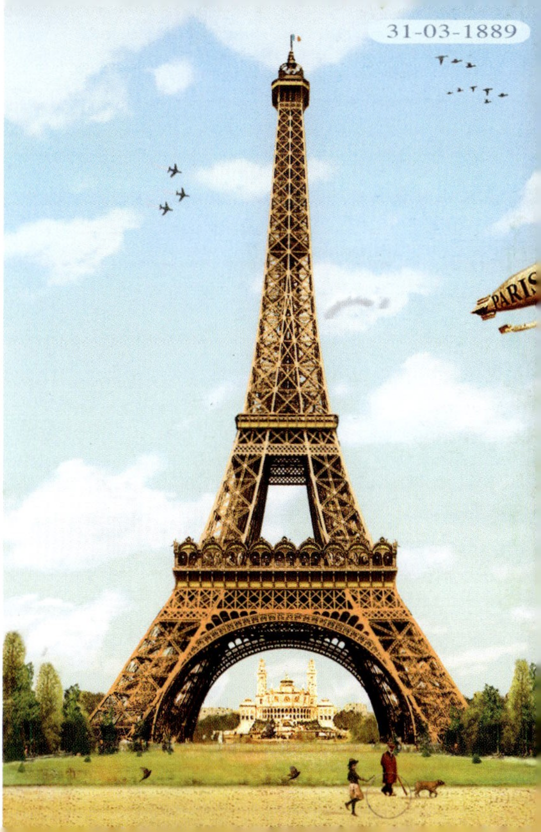

At the start of the construction, up to a height of 15 meters, the parts were lifted by derricks and hoists standing on the ground.

All'inizio del lavoro i pezzi venivano alzati fino ad un'altezza di 15 metri da motori installati sul suolo: gru a traliccio, o"capre".

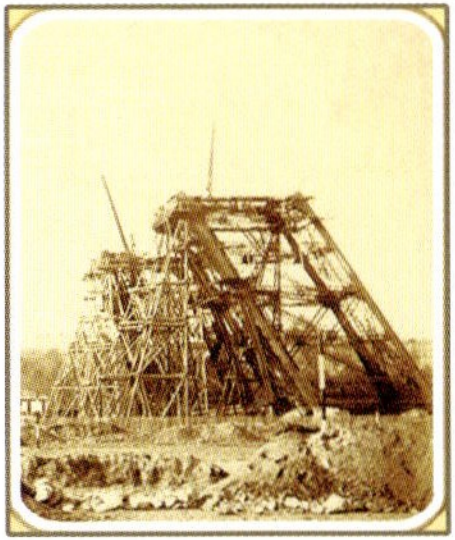

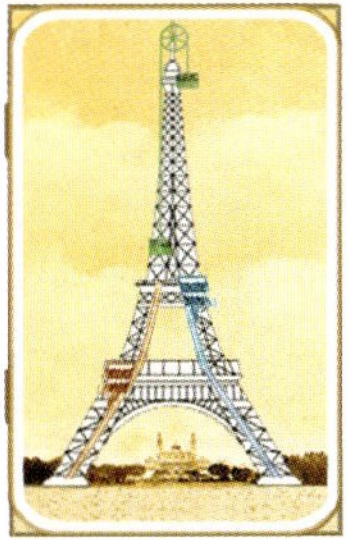

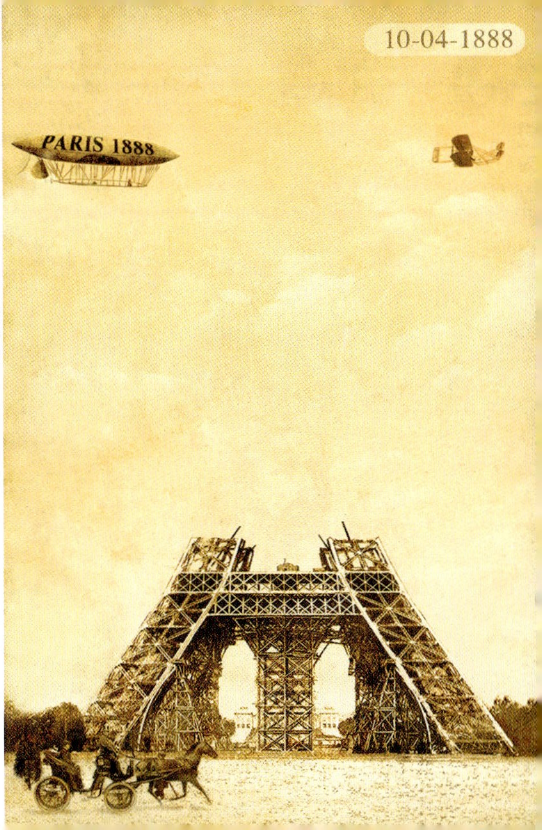

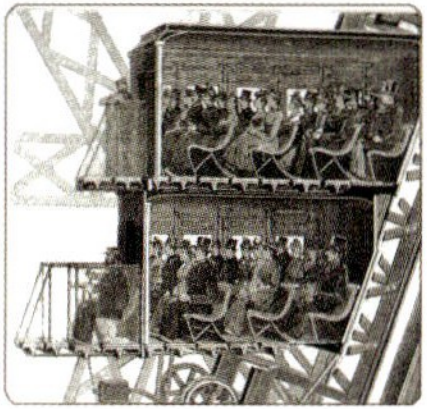

Assis dans des sortes de wagonnets à deux niveaux, les « voyageurs » de la Tour seront pilotés jusqu'au deuxième étage par un conducteur de cabine et un mécanicien.

Sentados en tipos de vagones de dos niveles, los "viajeros" de la Torre Eiffel serán transportados hasta el segundo piso por un conductor de cabina y un mecánico.

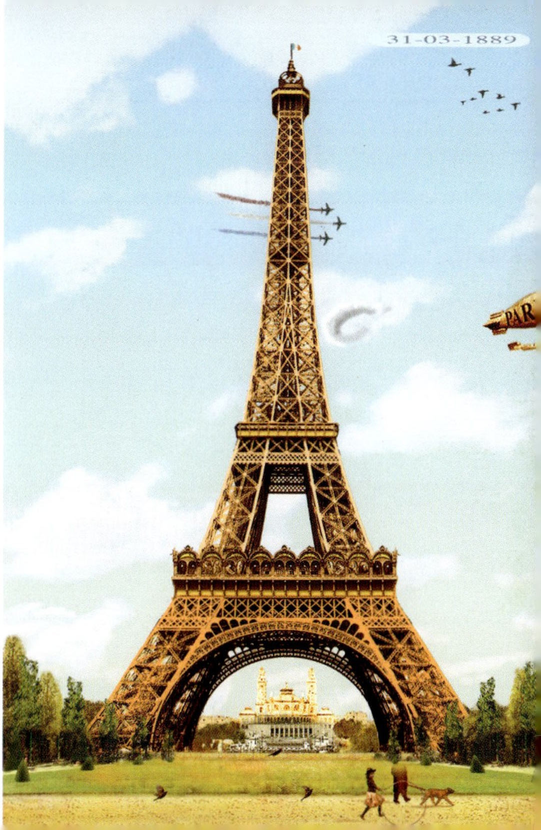

The structure for the first level is completed on April 1st, 1888. On its completion, Eiffel gathers his workmen there to celebrate.

La struttura del primo livello viene completata il 1° aprile, 1888. Per celebrare l'occasione, Eiffel ci riunisce i suoi operai per una piccola festa.

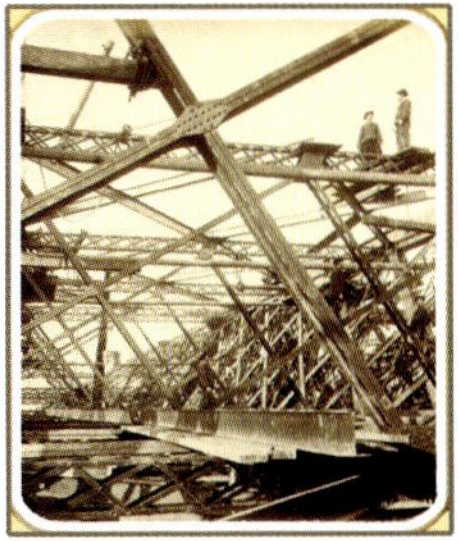

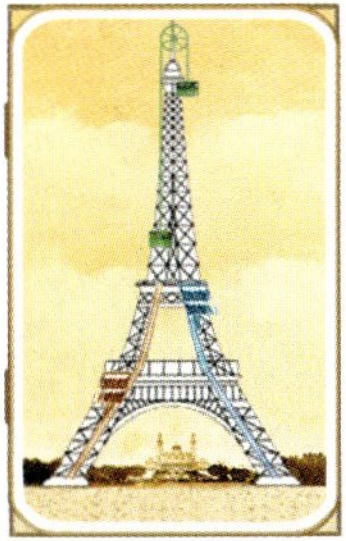

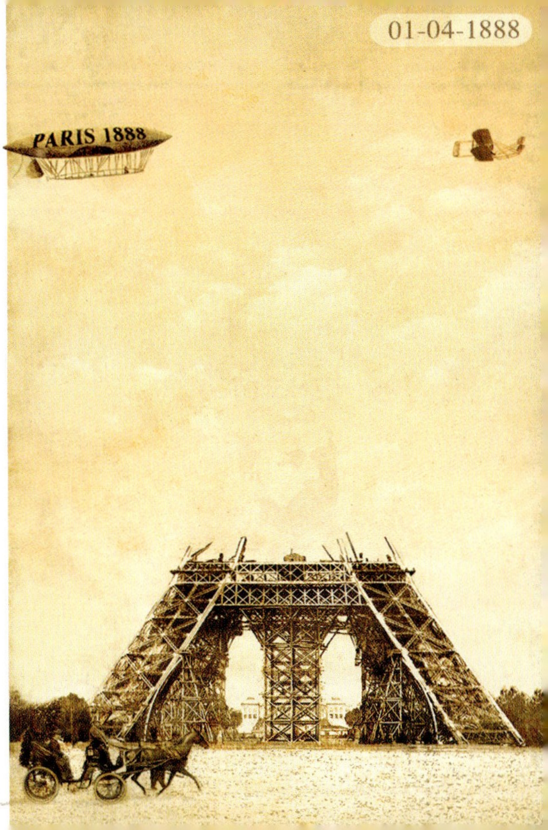

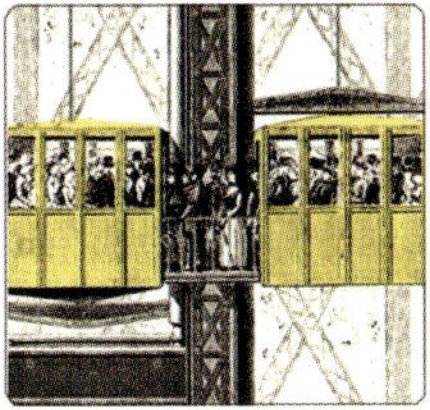

Muni d'un vérin de 80 mètres, un ascenseur hydraulique, conçu par l'ingénieur Edoux, relie le deuxième étage au troisième. Changement de cabine obligatoire à mi-parcours (voir p.37).

Equipado por un cilindro de 80 metros, un ascensor hidráulico, diseñado por el ingeniero Edoux, conecta el segundo piso con el tercero. El cambio de cabina es obligatorio a mitad de trayecto (ver.p 37).

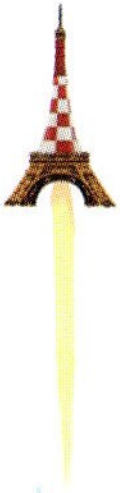

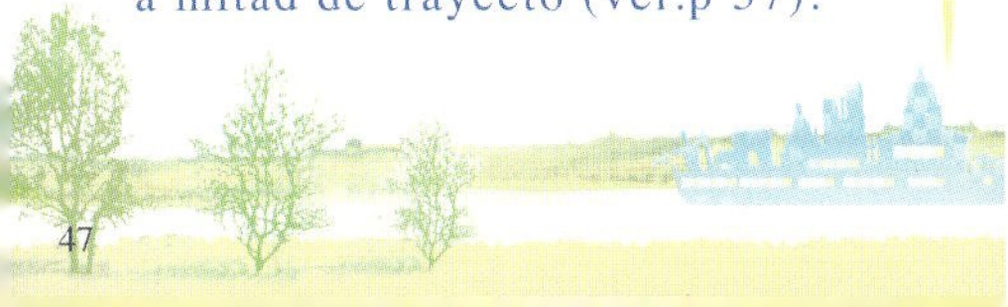

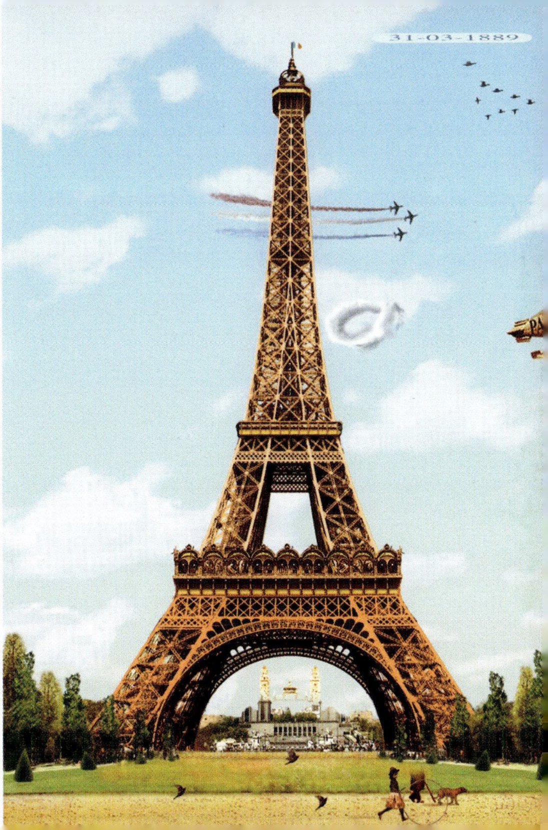

At a height of 57meters, the new platform, with a surface area of 4220 m2, will be able to hold up to 2500 people. For the duration of the work there will be shelters here for equipment, a winch and also a canteen.

A 57 metri e con una superficie di 4220m², la nuova piattaforma potrà accogliere fino a 2500 persone. Per la durata del cantiere vi saranno delle baracche per l'attrezzatura, un argano e una mensa.

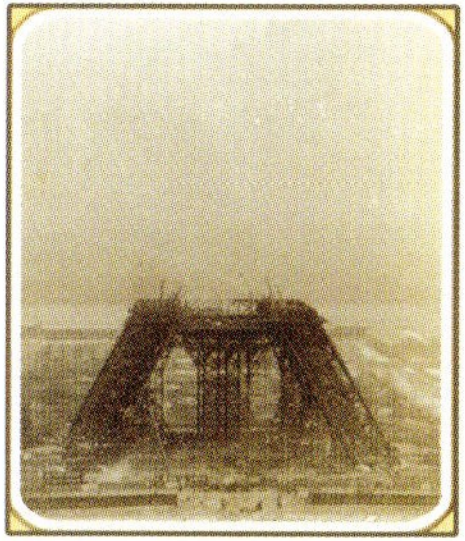

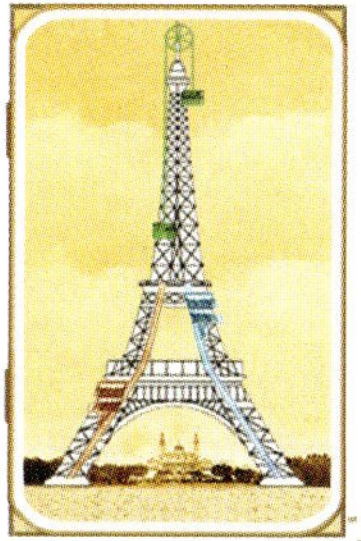

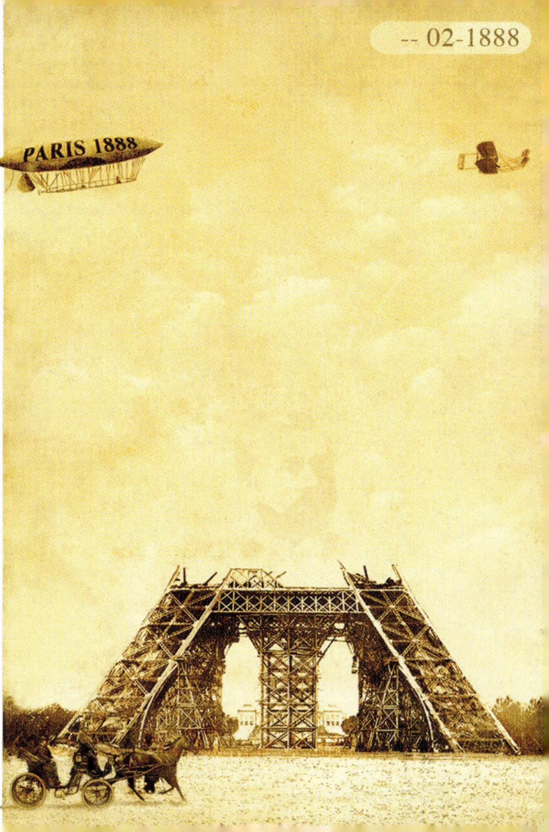

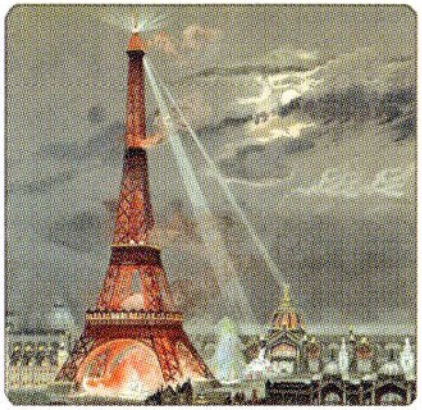

Un feu d'artifice est tiré le 6 mai pour l'ouverture de l'Exposition Universelle de 1889 (voir la version sépia). La Tour Eiffel, dont les formidables arcades offrent une entrée monumentale à cette manifestation, en est la vedette incontestée !

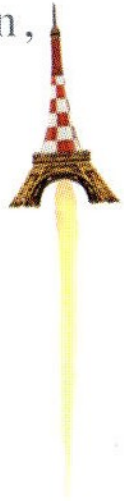

El 6 de mayo se lanzaron fuegos artificiales para la inauguración de la Exposición Universal de 1889 (véase la versión en sepia). La Torre Eiffel, cuyos impresionantes arcos ofrecen una entrada monumental para este evento, ¡es la indiscutible estrella!

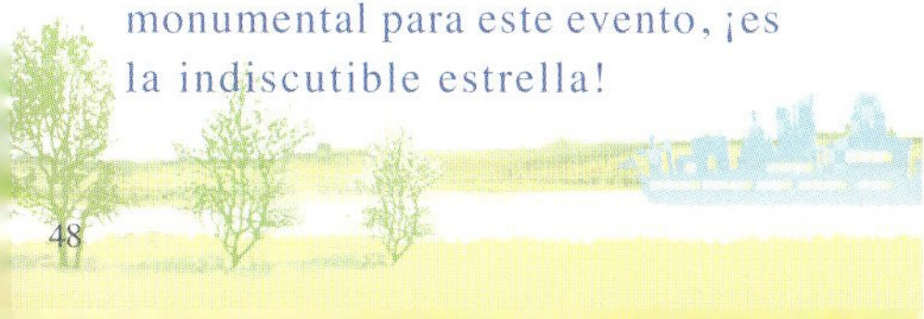

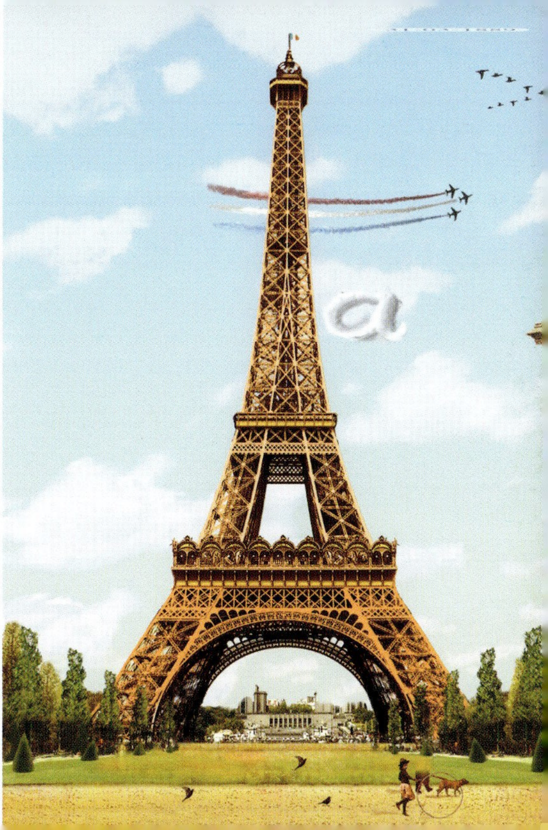

The whole of the first floor when complete will form a powerful and robust skeleton essential for the future stability of the Tower.

L'insieme del primo piano realizzato rappresenta una potente e robusta ossatura, essenziale per la stabilità definitiva della Torre.

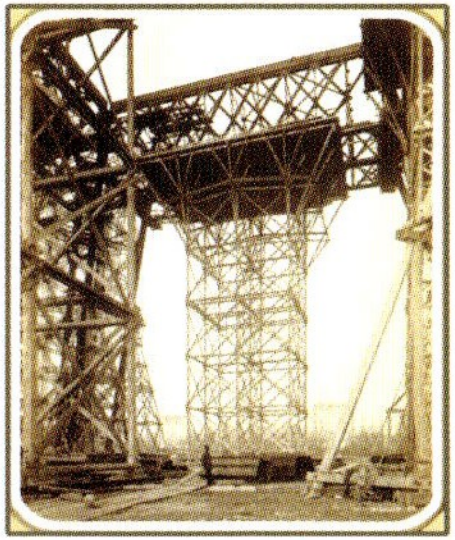

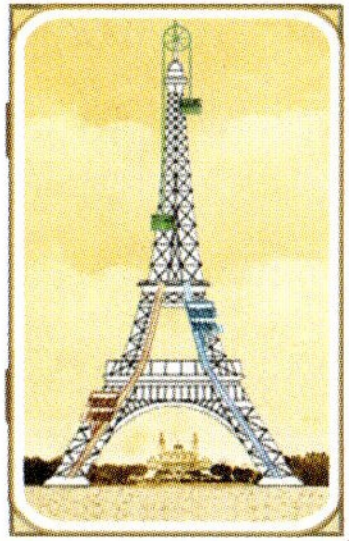

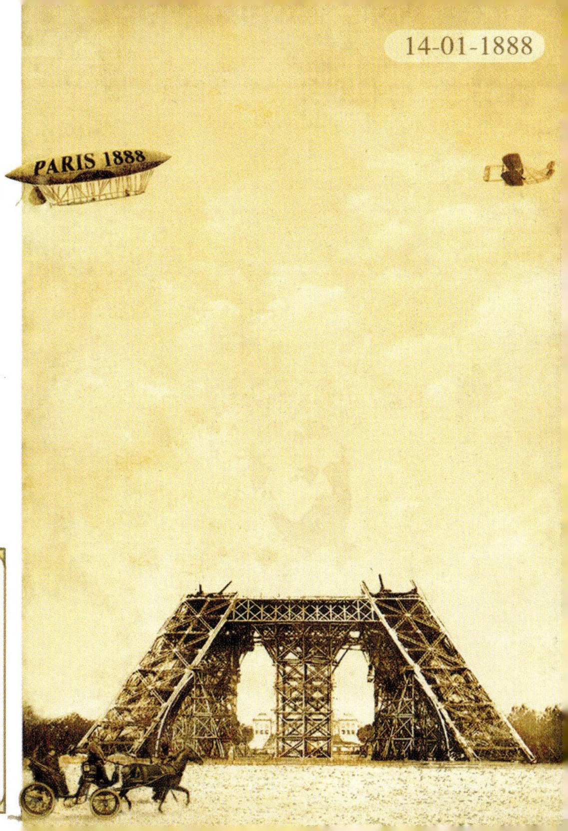

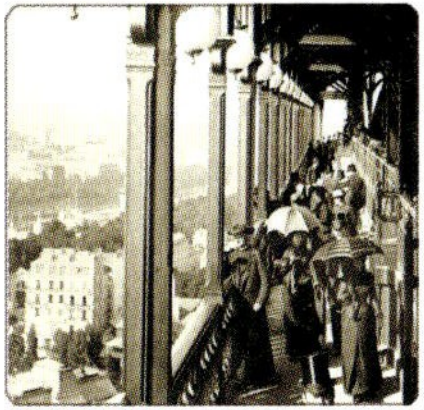

Près de 2 millions de visiteurs en feront l'ascension pendant la durée de l'Exposition.

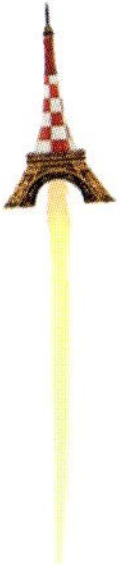

Durante la exposición, casi dos millones de visitantes la subirán.

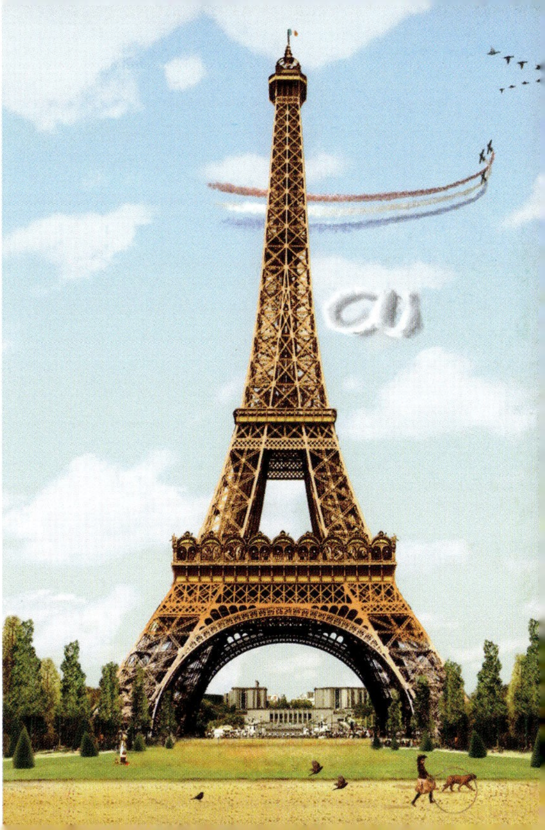

Adjusting the beams to perfection with the aid of cylinders and sand boxes, the rivets are a perfect fit. And without even one stroke of a file!

Perfezionando l'impostazione delle travi con l'aiuto dei cilindri e delle scatole di sabbia, i rivetti si adattano al millimetro. Non serve nemmeno un colpo di limatura!

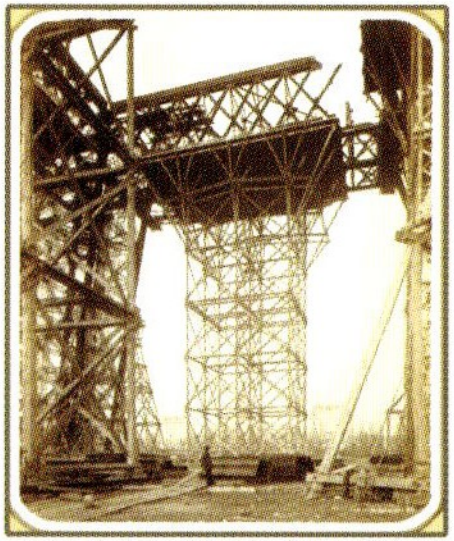

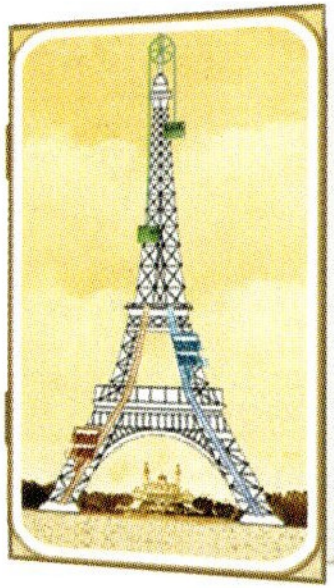

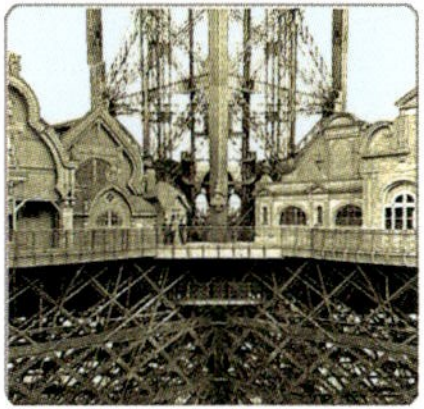

Au premier étage, on trouve parmi différentes attractions, un théâtre et trois restaurants, russe, flamand et français.

En el primer piso se encuentran,entre los diferentes lugares de interés,un teatro y tres restaurantes : uno ruso, uno flamenco y uno francés.

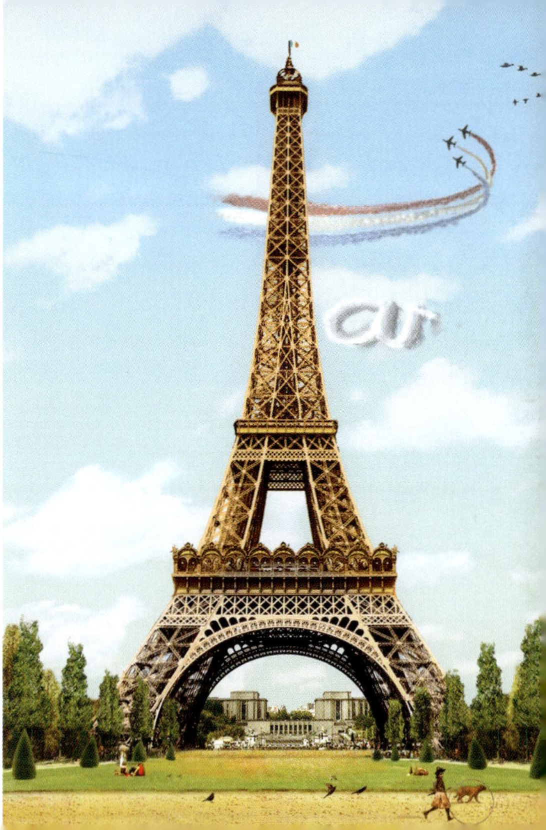

Joining the girders with cantilever pillars is a true feat of engineering.

La giunzione delle quattro travi con i quattro pilastri a sbalzo è un vero capolavoro tecnico.

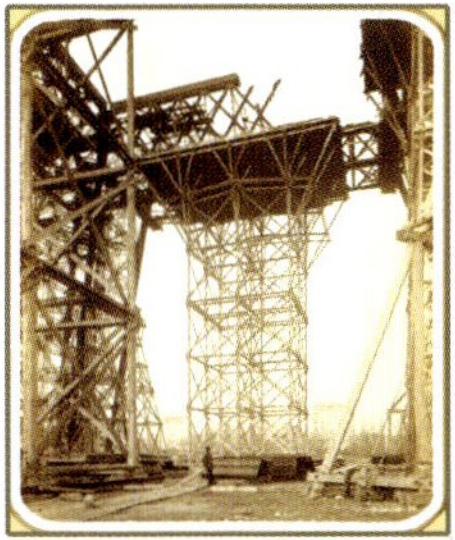

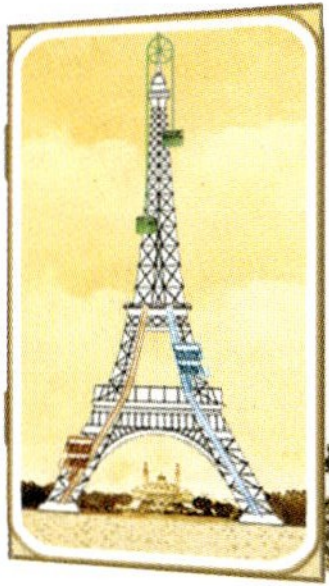

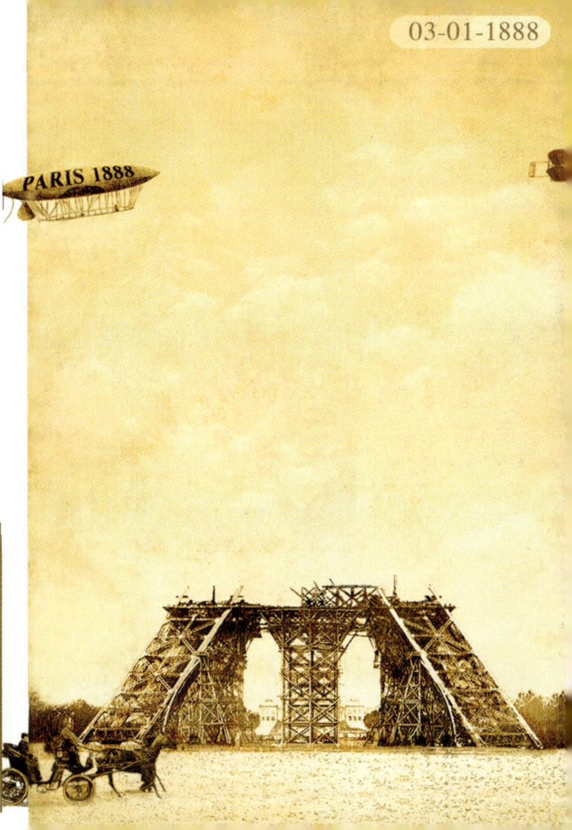

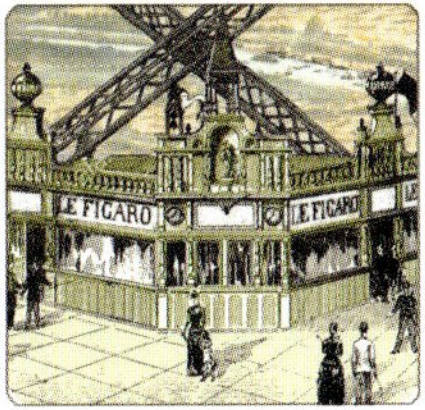

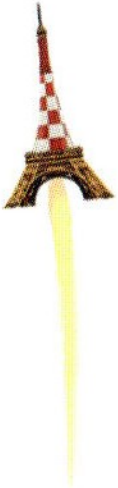

Le deuxième étage accueille quant à lui une boulangerie, une imprimerie du *Figaro*, des abris et des kiosques divers, installés pour la durée de l'Exposition.

En la segunda planta se encuentran una panadería, una imprenta del diario Figaro, así como diversas zonas de descanso y quioscos, puestas en marcha durante la Exposición.

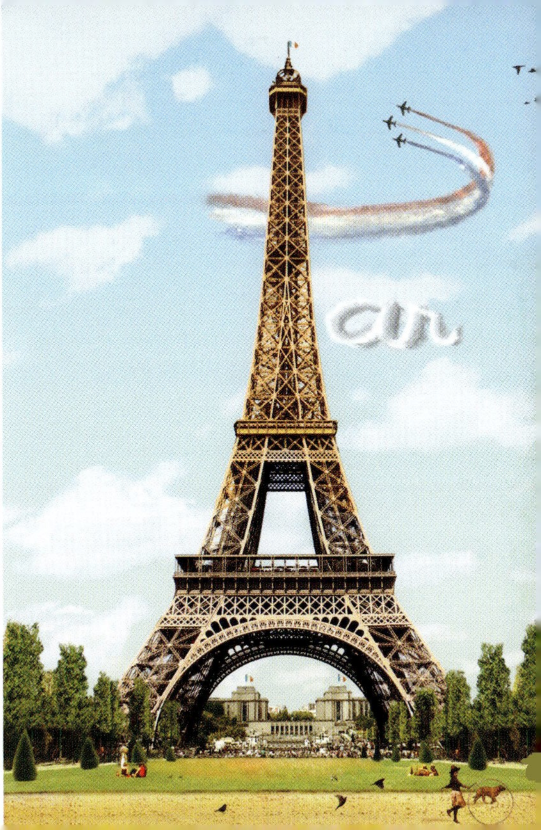

The work of assembling these monumental girders starts on December 18th, 1887. It is carried out on a platform of scaffolding.

I montaggio di queste travi monumentali inizia il 18 dicembre 1887, e si effettua su una piattaforma di scaffalatura.

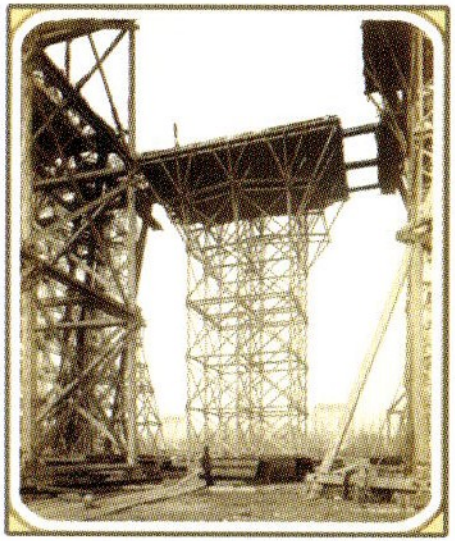

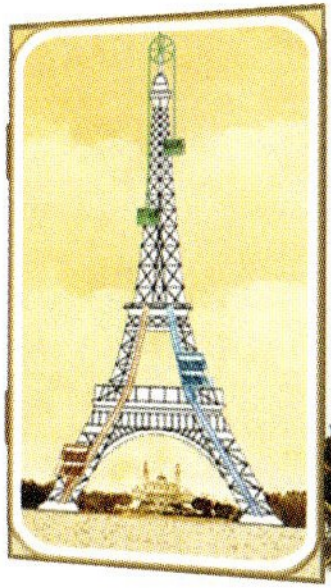

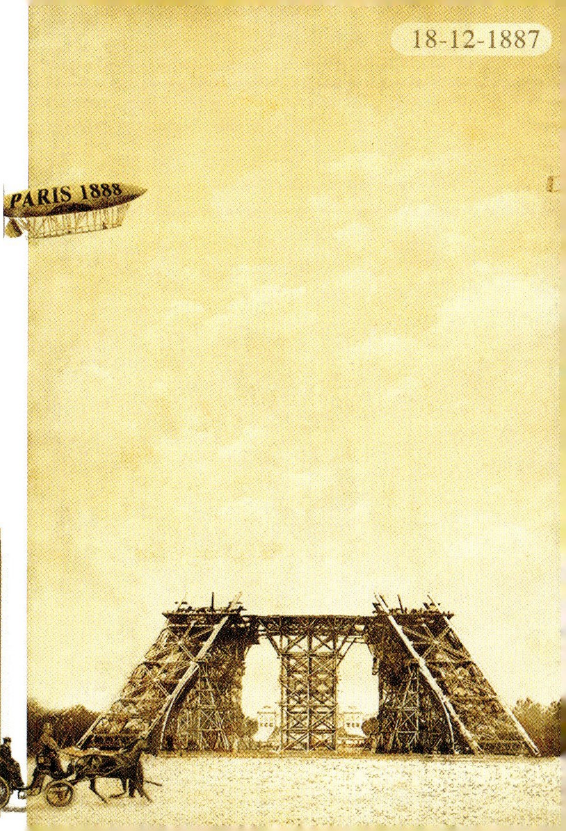

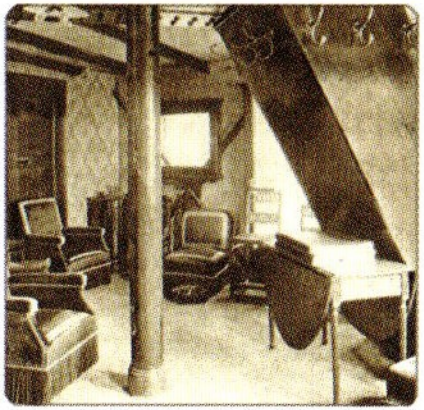

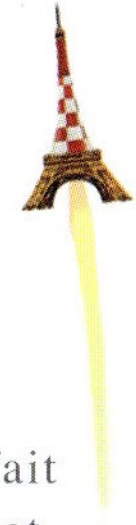

Au troisième étage, Eiffel fait aménager un appartement coquet, ainsi qu'un laboratoire pour ses expériences futures.

En el tercer piso, Eiffel cuenta con un elegante apartamento y un laboratorio para sus futuras prácticas.

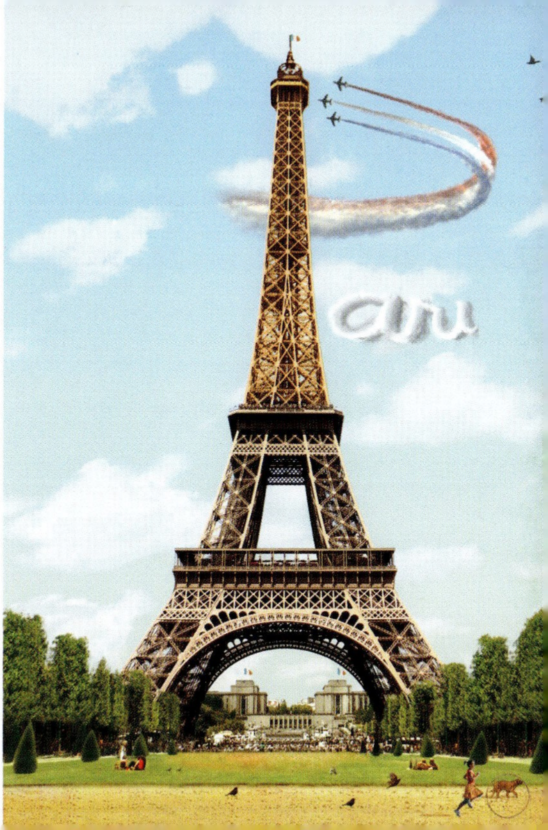

Their role is to hold the large horizontal girders to come : the arch girders (which will later support the decorative arches), then, above, the 7 ton and 7.50 meters high girders which will form the ring of the first floor.

La loro funzione è di accogliere le grandi travi orizzontali che seguiranno : le travi dell'arco (che sosterranno più tardi gli archi decorativi), poi, sopra, quelle alte di 7,50 metri e da 7 tonnellate che formeranno la cintura del primo piano.

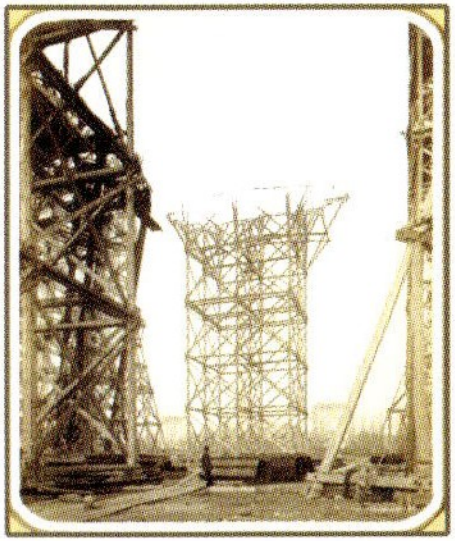

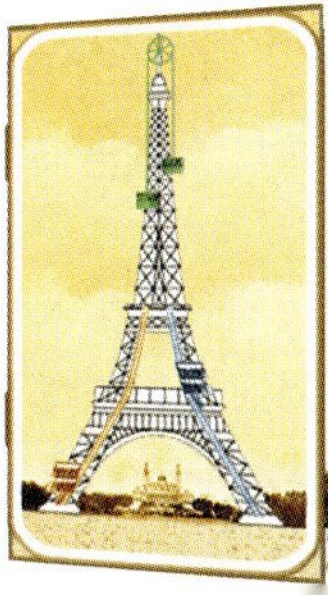

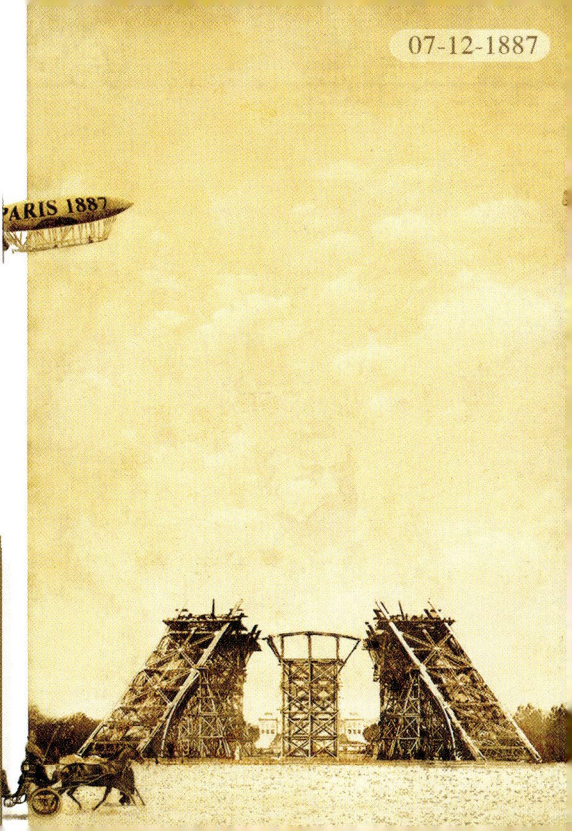

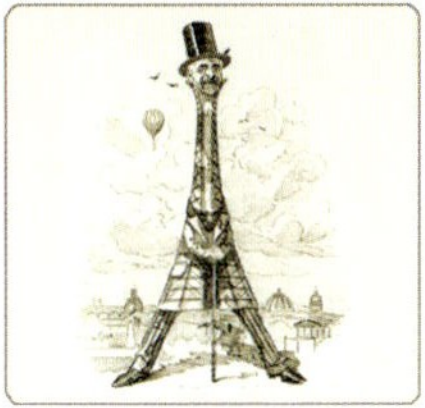

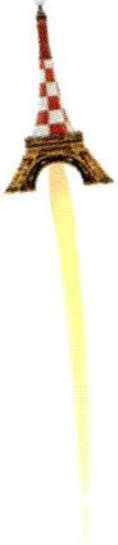

On imagine son plaisir à contempler Paris, du haut de ses 300 mètres si chèrement conquis, tel un alpiniste parvenu au sommet d'une montagne.

Como un alpinista en la cima de una montaña podemos imaginar su placer al contemplar París desde esos 300 metros tan arduamente conquistados..

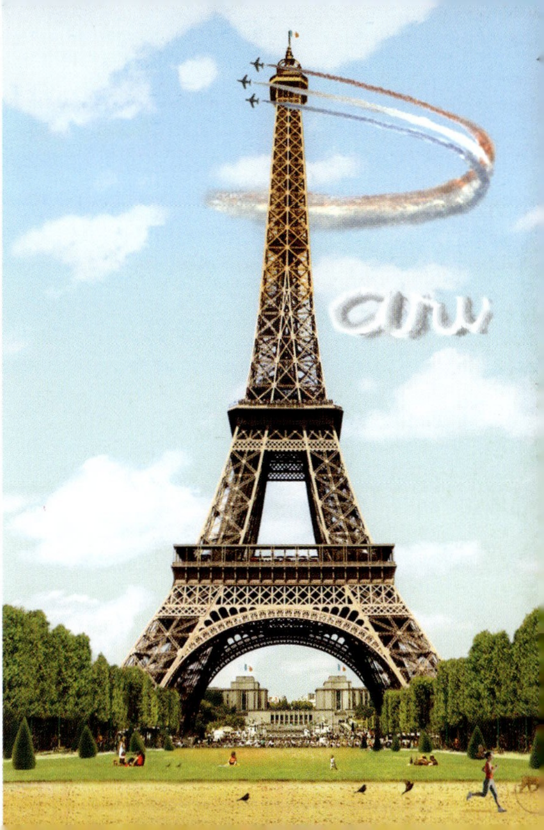

-- 11-1887

Wooden scaffolding, 45 meters high, is erected between each pillar.

Una scaffalatura in legno, alta 45 metri, viene eretta tra un pilastro e l'altro.

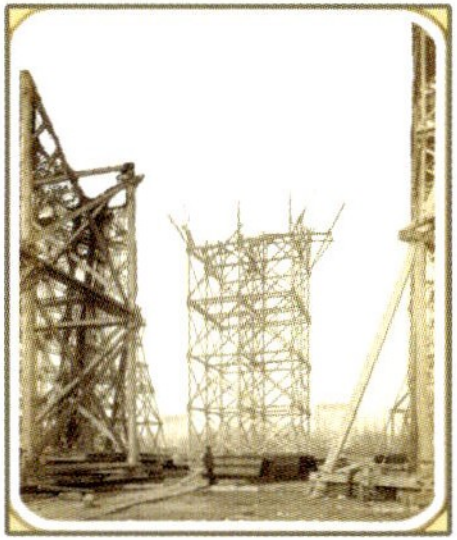

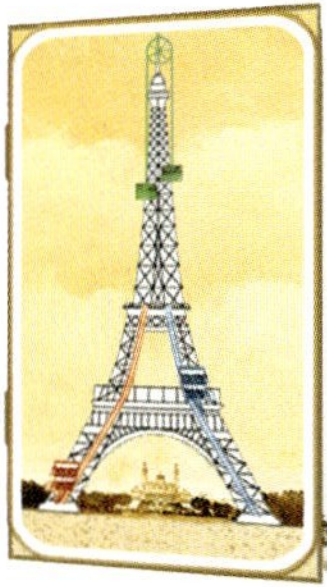

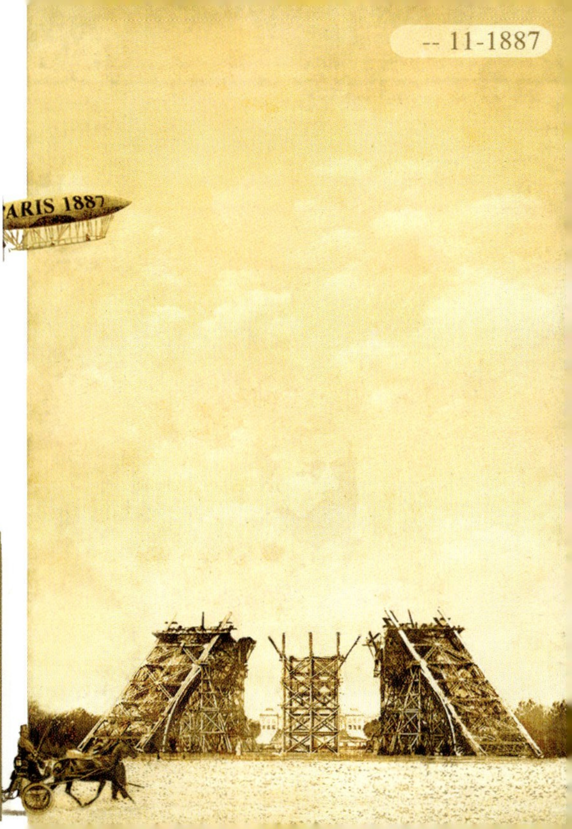

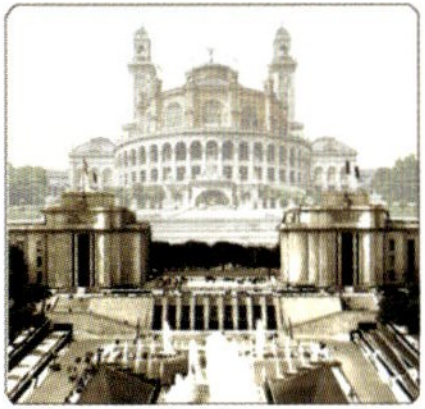

De l'autre côté de la Seine, le palais du Trocadéro, construit pour l'exposition de 1878, est remplacé en 1937 par l'actuel palais de Chaillot. La Tour, conçue à l'origine pour une durée de 20 ans, s'est définitivement installée dans le paysage parisien.

Al otro lado del Sena, el palacio del Trocadero, construido para la exposición de 1878, fue reemplazado en 1937 por el actual palacio de Chaillot. La Torre, diseñada para una duración de 20 años, se instaló definitivamente en el paisaje parisino.

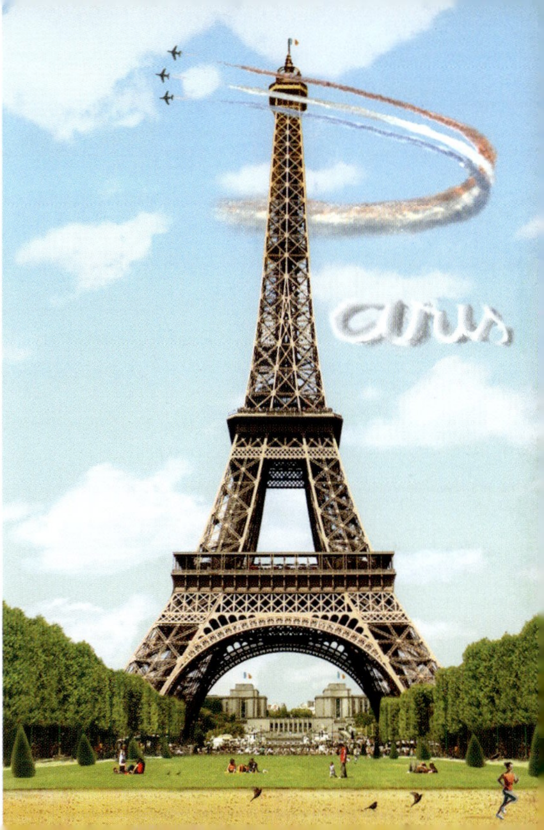

Once the first floor is reached, these jacks, no longer needed, will be buried within the masonry.

Appena installato il primo piano, questi cilindri, ormai inutili, saranno sepolti nella muratura.

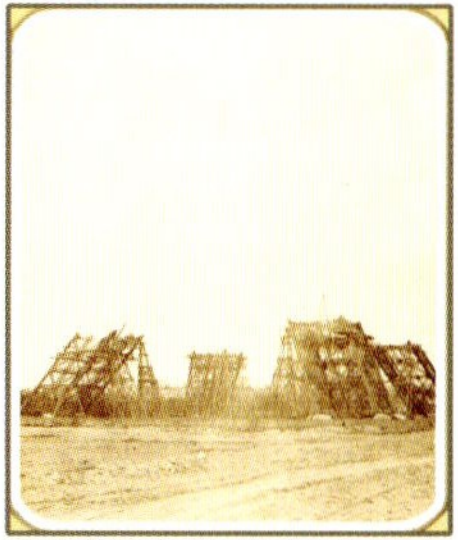

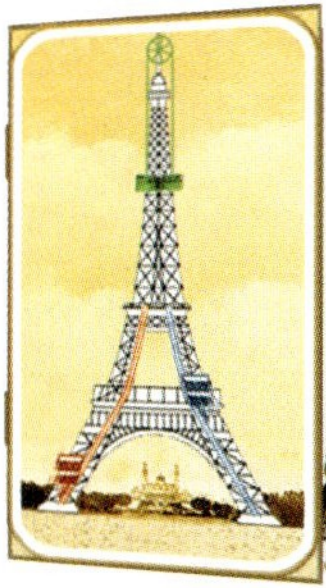

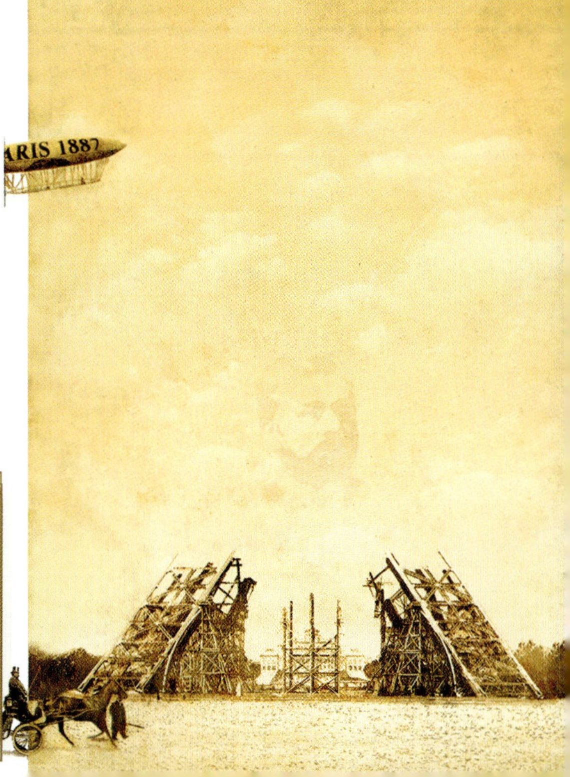

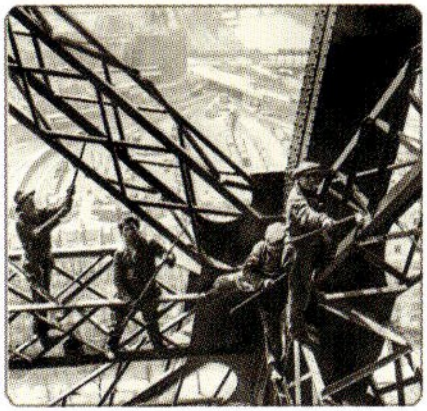

Restaurée, réaménagée, célébrée … au fil des ans, elle est devenue l'objet de toutes les attentions. Sa robe couleur bronze, repeinte tous les 7 ans, recouvre le souvenir de sa couleur « rouge Venise » originelle.

Restaurada, reformada, celebrada … a lo largo de los años, se ha convertido en objeto de atención. Su capa de color bronce, pintada cada 7 años, cubre el recuerdo de su color original : el "rojo Venecia".

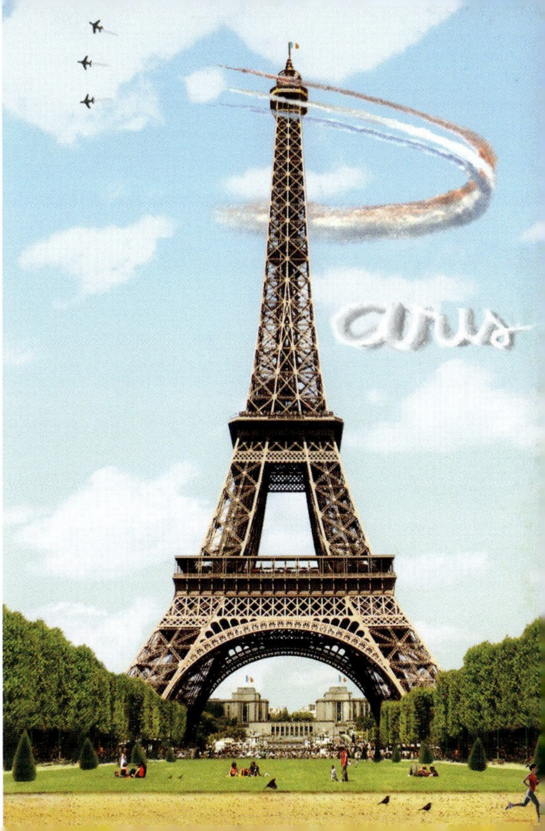

As an extra precaution, hydraulic cylinders are installed at the base of each pillar, allowing a few degrees adjustment to their tilt.

Come ulteriore precauzione, dei cilindri idraulici vengono installati alla base di ogni pilastro, permettendo di adeguare di alcuni gradi la loro inclinazione.

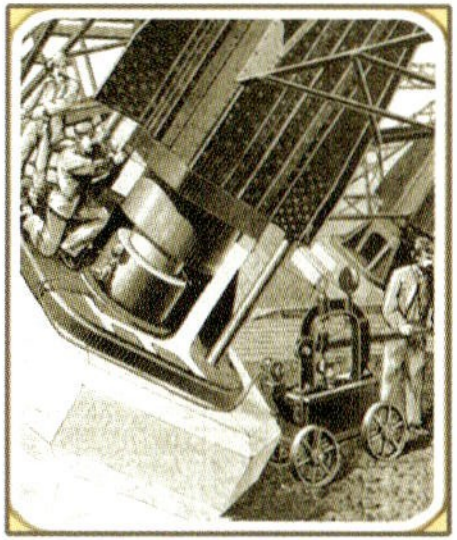

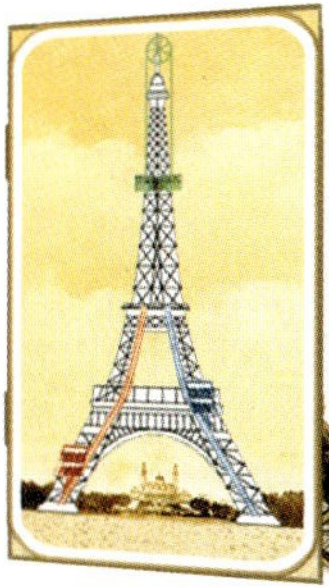

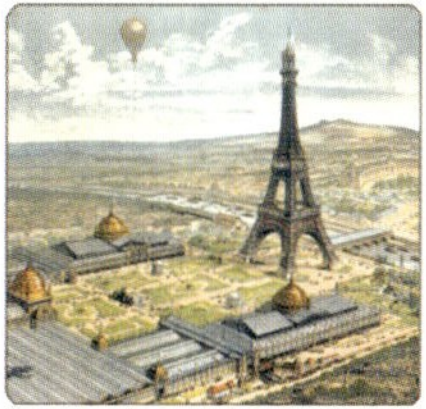

Chaque année, 6 à 7 millions d'admirateurs, venus du monde entier, lui rendent visite. Sa silhouette familière est devenue l'emblème indissociable et incontournable de Paris.

Cada año la Torre Eiffel es visitada por entre 6 y 7 millones de admiradores de todo el mundo. Su familiar silueta se ha convertido en un emblema indisociable e imprescindible de París.

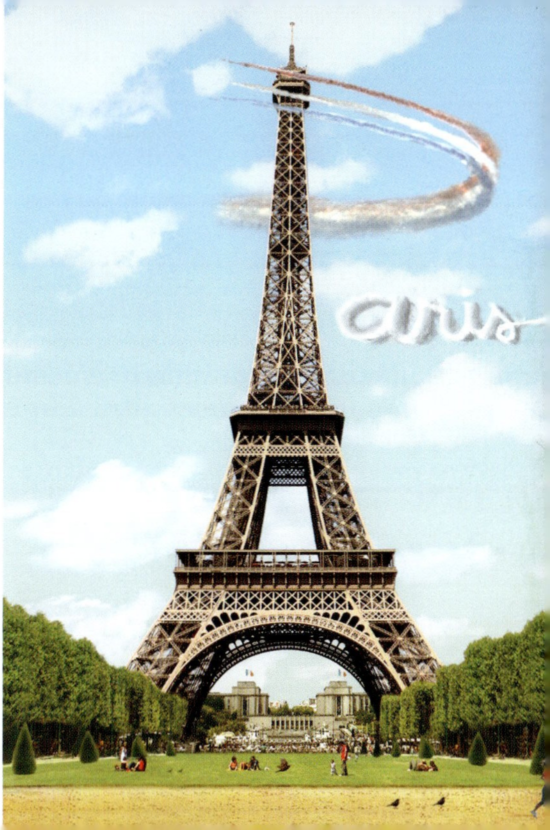

Placed between the props and the cantilever rafters, "sand boxes" allow the pillars to shift gradually as the sand is progressively leaked from the boxes in a controlled manner.

Poste fra i puntelli e le travi a sbalzo, delle "scatole di sabbia" permettono una eventuale e lieve regolazione dell'inflessione dei pilastri con un progressivo e controllato flusso di sabbia.

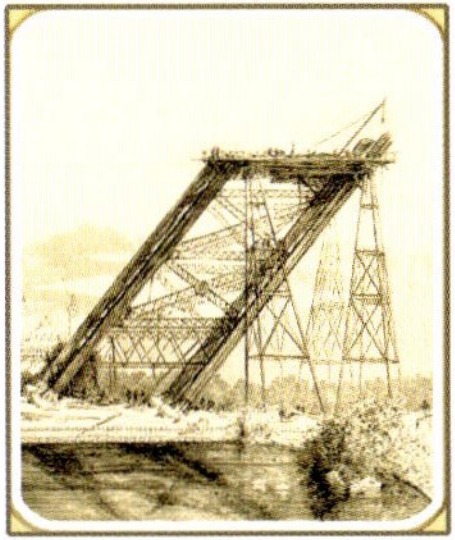

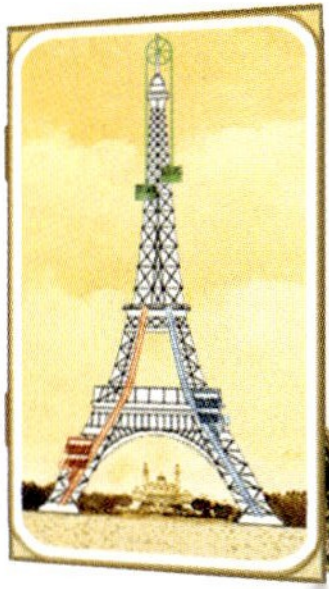

Les Bâtisseurs

Gustave EIFFEL | 1832-1923
Ingénieur | et industriel

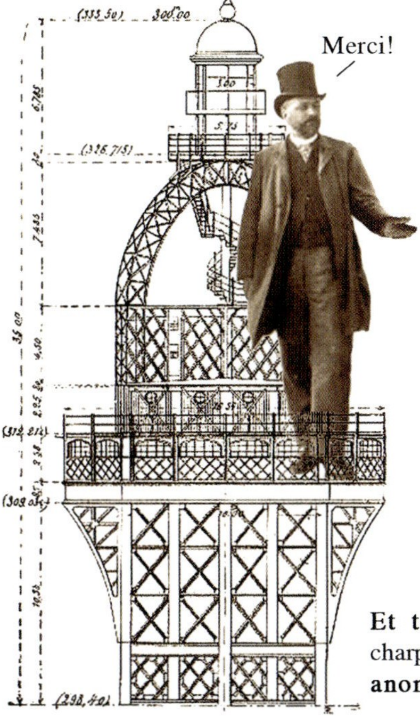

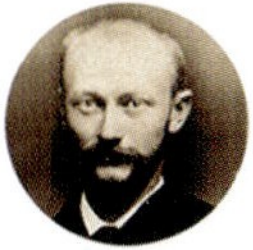

Maurice Koechlin (1856-1946)
Ingénieur Franco-Suisse, initiateur avec Nouguier de l'idée d'une tour de 300 mètres.

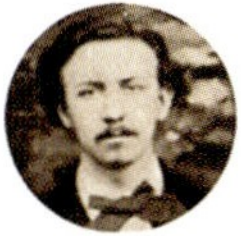

Émile Nouguier (1840-1898)
Deuxième ingénieur de l'entreprise Eiffel.

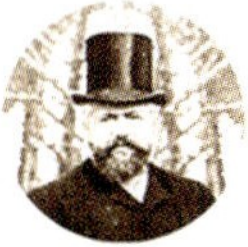

Stephen Sauvestre (1847-1919)
Architecte de la Tour.

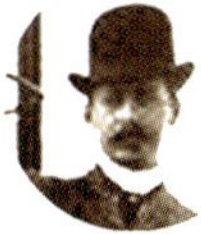

Adolphe Salles (1858-1924)
Ingénieur civil des mines, gendre et proche collaborateur de Gustave Eiffel.

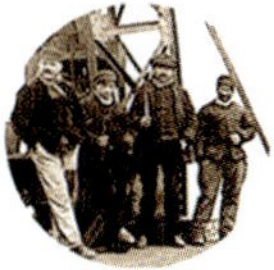

Jean Compagnon (1837-1900) et
Eugène Milon (1859-1917)
Contremaîtres.

Et tous les autres, voltigeurs ou gars du plancher, charpentiers ou métallos, ingénieurs, dessinateurs, peintres... **anonymes**, qui ont participé à cette grande aventure.

Wooden structures are built at the foot of the internal edge of each pillar. These props support the cantilever rafters from a height of 26 meters upwards.

Vengono costruite delle strutture in legno ai piedi delle costole interiori di ogni pilastro. Questi puntelli sono destinati a sostenere le trave a sbalzo, a partire da 26 metri.

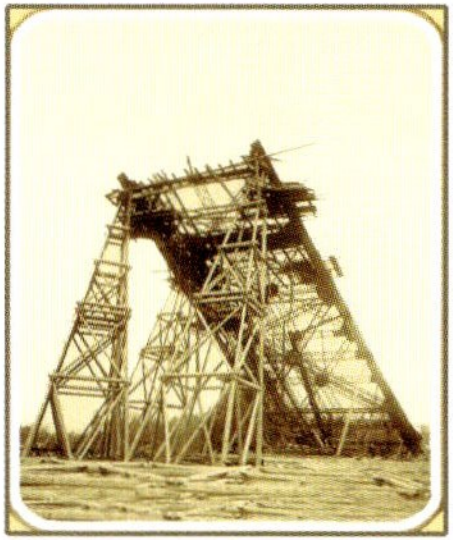

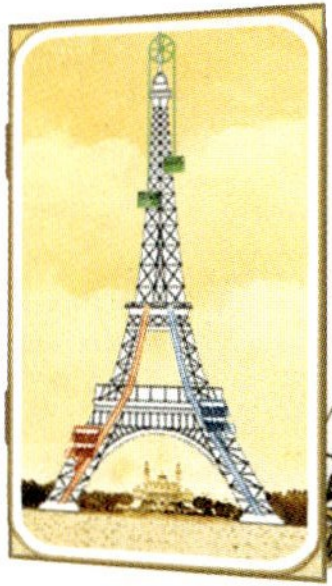

Los Constructores

Gustavo EIFFEL | 1832-1923
Ingeniero | e industrial

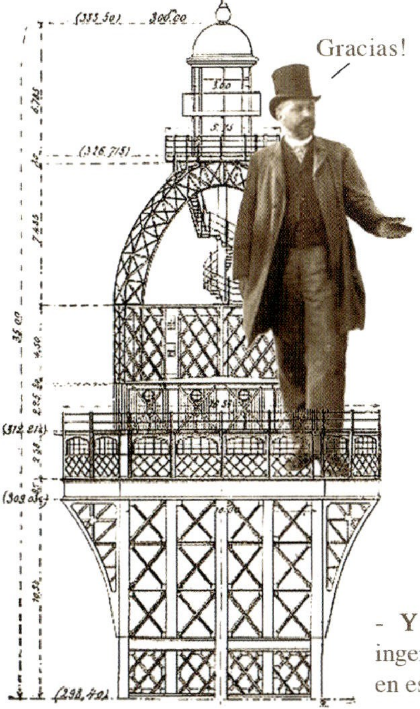

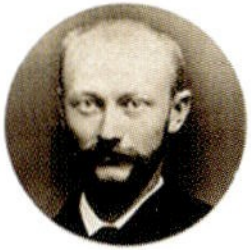

Maurice Koechlin (1856-1946)
Ingeniero Franco-suizo, precursor con Nouguier de la idea de una torre de 300 metros.

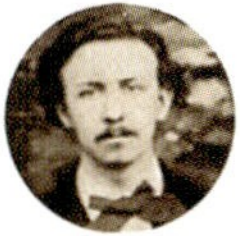

Émile Nouguier (1840-1898)
Segundo ingeniero de la empresa Eiffel.

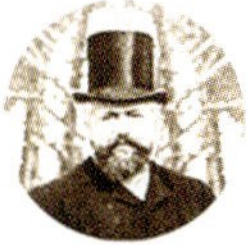

Stephen Sauvestre (1847-1919)
Arquitecto de la Torre.

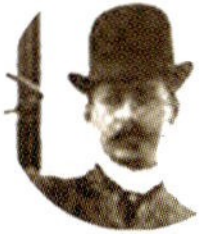

Adolphe Salles (1858-1924)
Ingeniero civil de minas, yerno y colaborador cercano de Gustavo Eiffel.

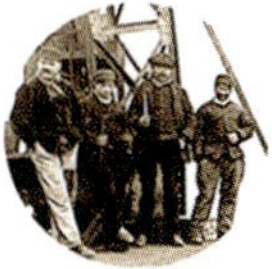

Jean Compagnon (1837-1900) y **Eugène Milon** (1859-1917)
Capataces.

- **Y todos los demás,** acróbatas, carpinteros o remachadores, ingenieros, dibujantes, pintores y **anónimos** que participaron en esta gran aventura.

The four separate sloping pillars are constructed at a precise angle so that they come together perfectly at the first level.

Le costruzione angolare dei quattro pilastri distinti segue un angolo preciso che dovrà assicurare la loro eventuale giunzione al primo livello.

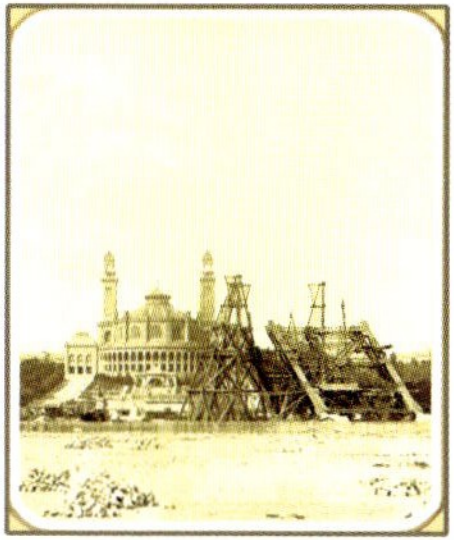

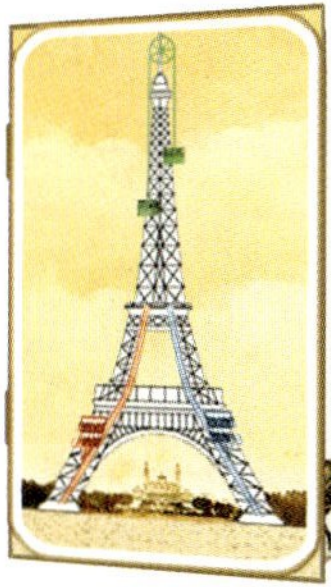

Ils ont participé au tournage...
Con la participación en el rodaje de...

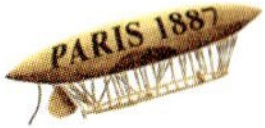

Le dirigeable de **Santos-Dumont**, "**Brazil 6**", ne survola la Tour qu'en 1901, lors d'un concours qu'il remporta, au départ de Saint-Cloud.
"Brazil 6", el dirigible de **Santos-Dumont**, no sobrevoló la Torre hasta 1901, cuando ganó un concurso con salida de Saint-Cloud.

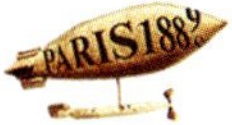

Le dirigeable "Ville de Paris", en 1906.
El dirigible/zepelín **"Ville de Paris"**, en 1906.

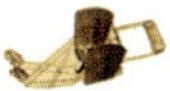

Le **comte de Lambert** à bord de son biplan "**Wright Flyer**". Premier vol d'un "plus lourd que l'air" au dessus de Paris en 1909.
El **conde de Lambert** a bordo de su biplano "Wright Flyer", siendo el primer vuelo de un "más pesado que el aire" sobre París en 1909.

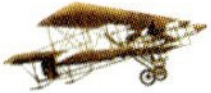

Appareil biplan "**Voisin**" modifié, en 1910.
El biplano **"Voisin"** modificado, en 1910.

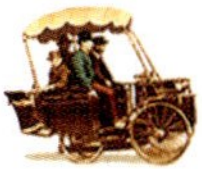

La **Marquise à vapeur** de **Dion-Bouton**, remporta la première course automobile du monde en 1887. Neuilly-Paris !
La **"Marquise"** a vapor de **Dion-Bouton**, ganó la primera carrera automovilística del mundo en 1887. ¡Neuilly-París!

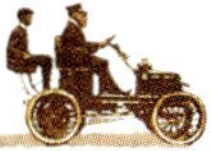

Automobile avec strapontin **Automotor Co, Springfield, Mass**. 1902.
Automóvil con asiento plegable. **Automotor Co, Springfield, Mass**. 1902.

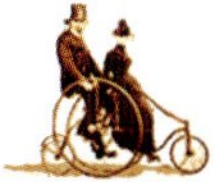

Quadricycle, quadracycle, quadrocycle ?..
Enfin, un drôle d'engin avec un drôle d'équipage, en1886.
Cuatriciclo, cuatriciclo, cuatriciclo ? Una extraña máquina en 1886.

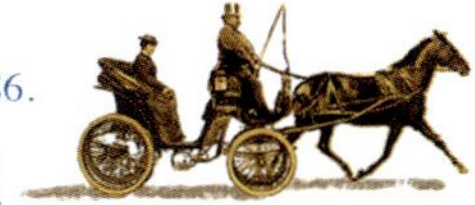

Calèche ouverte. Paris, 1900.
Carruaje. París, 1900.

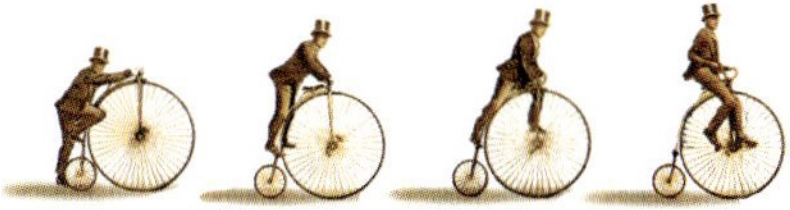

Quand on a enfin réussi à grimper sur le **grand Bi**, comment on redescend ?
Cuando finalmente logramos escalar el **gran Bi**, ¿cómo bajamos?

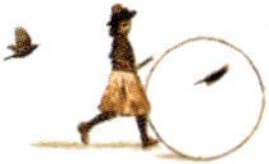

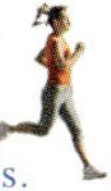

La **fillette au cerceau** de 1887 termine sa course en **joggeuse** ... plus d'un siècle plus tard.
La niña del aro de 1887 termina su trayecto como **corredora** ... más de un siglo después.

On the Seine side of the River Seine, watertight lockers were used to dig the foundations down to the river bed at a depth of 15 meters.

Dalla parte della Senna, le fondamenta sono state scavate con l'aiuto di camere stagne, ad una profondità di 15 metri, fino a raggiungere un terreno solido.

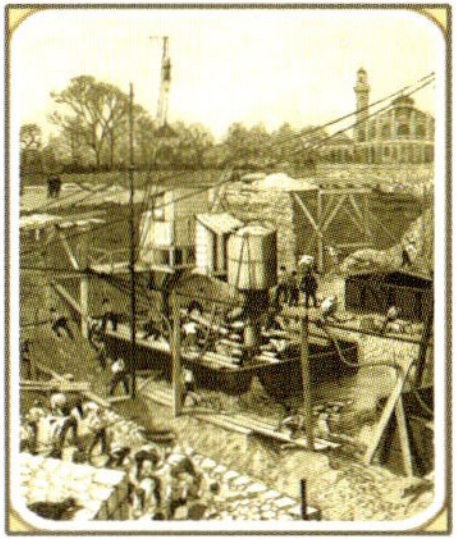

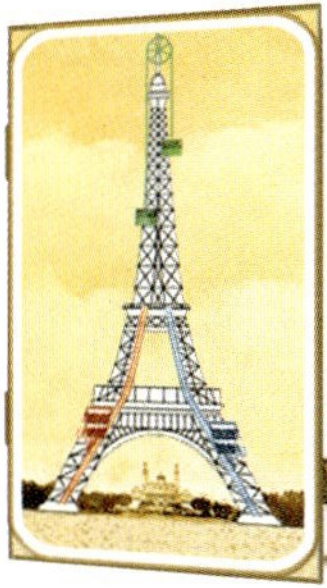

Présents également …
También presentes…

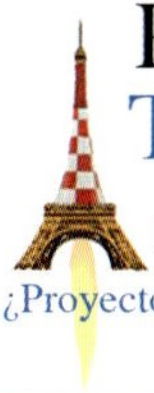

Projet NASA ?
¿Proyecto de la NASA ?

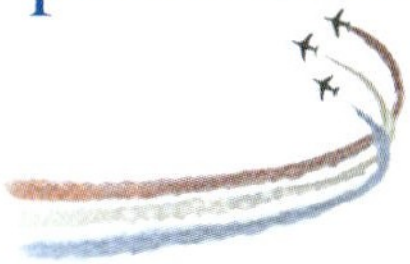

Patrouille de France
Patrulla de Francia

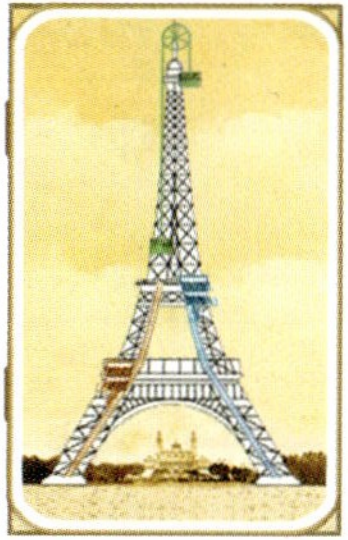

La danse des ascenseurs
La danza de los ascensores

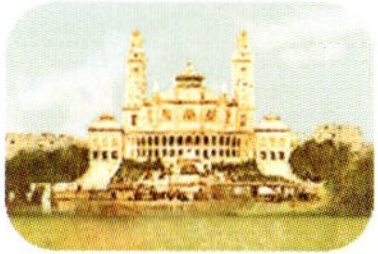

Palais du Trocadéro
Palacio del Trocadero
(1878 ✝1937)

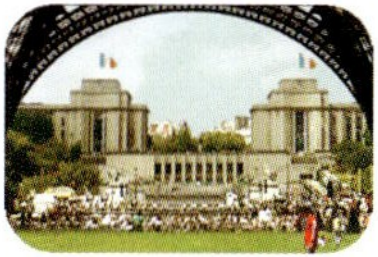

Palais de Chaillot (1937)
Palacio de Chaillot

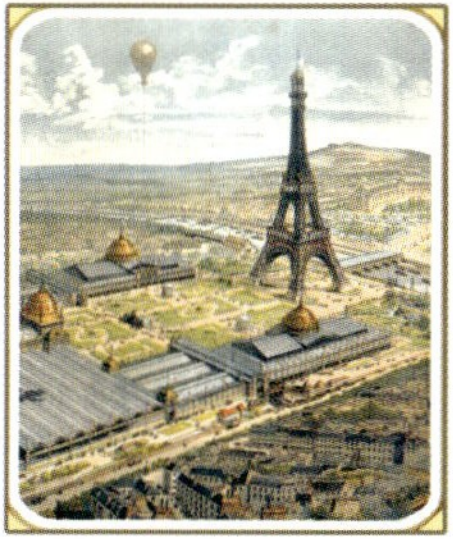

... Images d'archives ...
... Imágenes de archivo ...

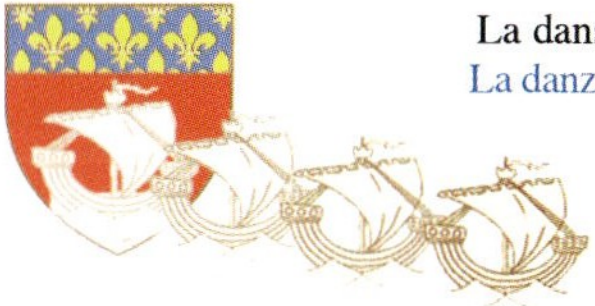

Echappée du blason de PARIS
Vista del escudo de París
Fluctuat nec Mergitur!

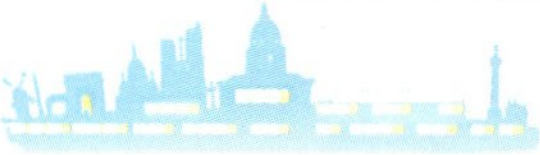

Projet bateau mouche (recalé au premier pont).
Proyecto "bateau mouche"
(Rechazado en el primer puente).

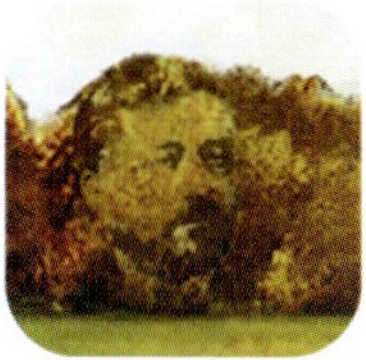

Gustave EIFFEL

Gustave EIFFEL

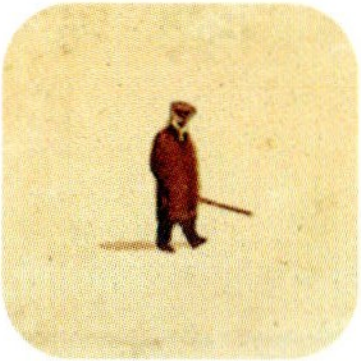

Gustave EIFFEL ?

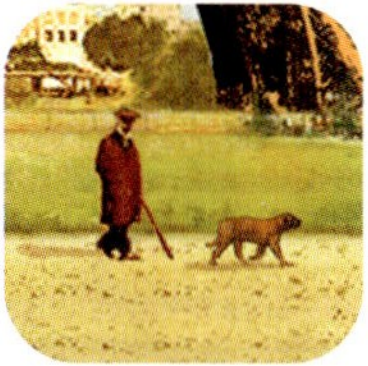

G. EIFFEL et son chien?
... y su perro?

Each foundation girder is set into masonry using huge anchor-bolts each measuring 7.8 meters.

Ogni trave iniziale viene ancorata da enormi bulloni lunghi 7,80 metri, sigillati in una muratura.

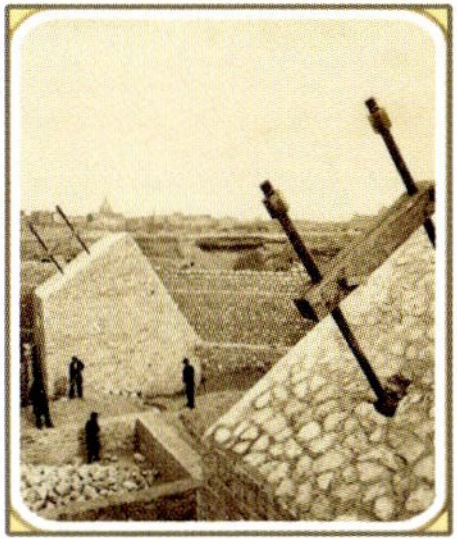

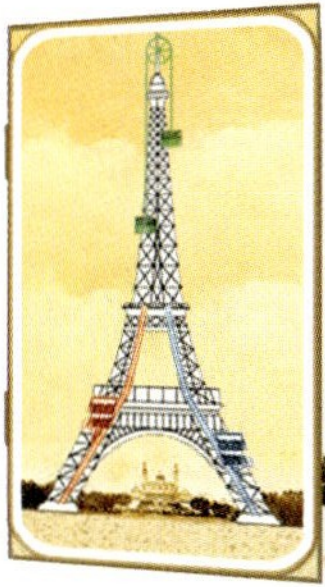

PETIT MODE D'EMPLOI DU FLIP BOOK
MODO DE EMPLEO DEL FLIP BOOK

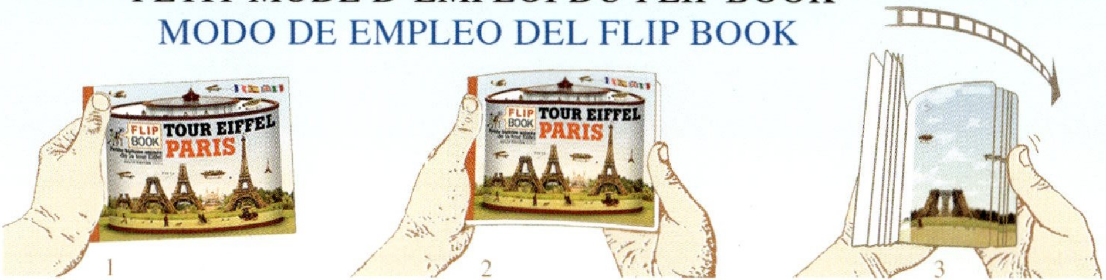

Avec un peu de pratique, vous découvrirez différentes façons de profiter des deux animations :
Con un poco de práctica… algunas sugerencias para visualizar las dos animaciones:

Accéléré
Acelerar

Normal
Leer

Ralenti
Disminuir

Pause
Pausa

Marche arrière (en inversant main gauche et main droite)
Marcha atrás (invirtiendo la mano izquierda y la derecha)

En lecture animée "normale" Inutile de forcer l'allure !
En la lectura "normal", ¡no hay necesidad de forzar el ritmo!

Mais ce flip book peut aussi se lire tout simplement
comme un livre d'aventure illustré !
¡Pero este flip book también se puede leer simplemente
como un libro de aventuras ilustrado!

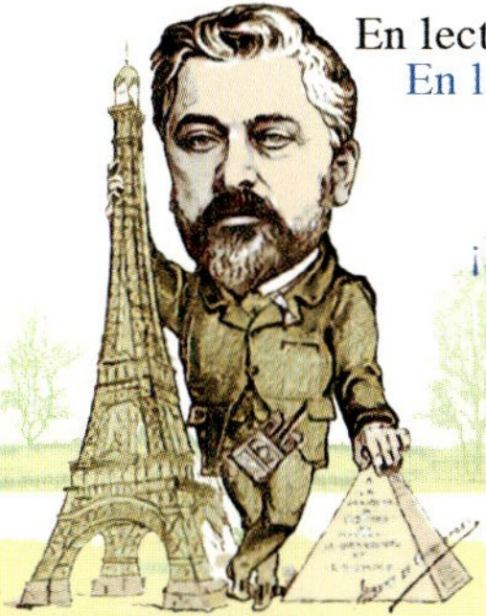
GUSTAVE EIFFEL (1885)

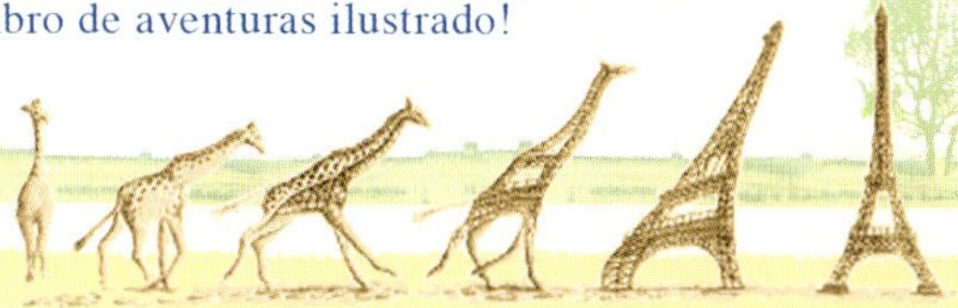
La Tour-girafe, dessin d'après l'ingénieur Maurice Koechlin
La Torre-jirafa, dibujo según del ingenerio Maurice Koechlin

At the beginning of July 1887, Parisians see the first iron ribs emerging from the ground, towering high in the sky.

Nei primi di luglio 1887, i Parigini vedono emergere le prime costole di ferro tracciando le loro forme angolari verso il cielo.

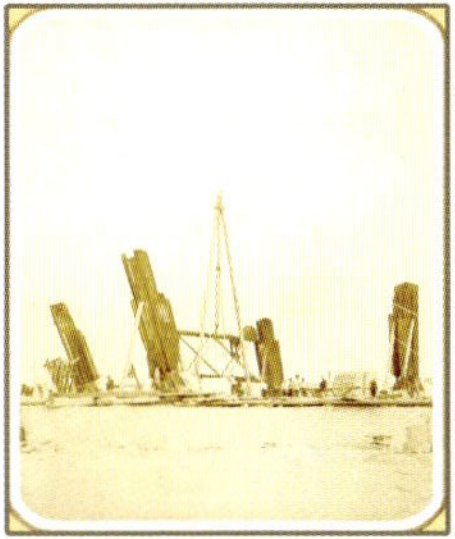

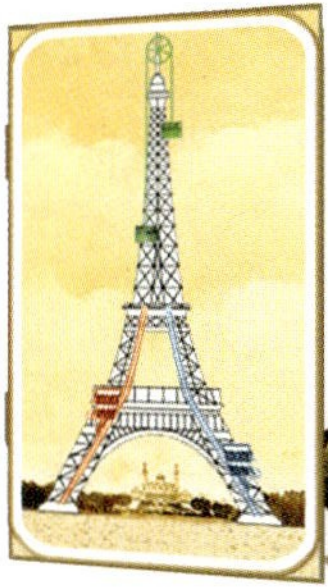

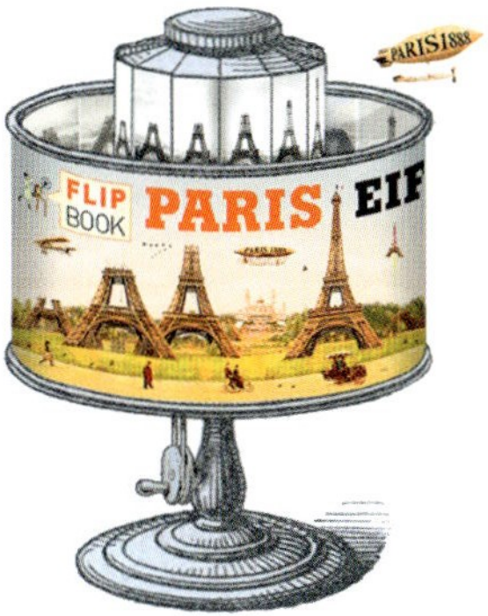

Praxinoscope

Le Flip Book

Appelé aussi **folioscope, kinéographe** ou encore **cinéma de poche**, le **flip book** est apparu dès la seconde partie du XIXe siècle. Il s'inscrit parmi une longue liste de **"jouets optiques"** inventés à cette période, qui sont comme la préhistoire du cinématographe : le **thaumatrope, le phénakistiscope, le zootrope, le praxinoscope** etc.

Très rapidement populaire, le **flip book** se décline sous diverses formes : publicité, éditions jeunesse, cartoon, art, cinéma, graphisme, humour, vont s'emparer de ce procédé simple et ludique.

Le **Praxinoscope** a inspiré les illustrations des couvertures.

El **praxinoscopio** inspiró las ilustraciones en las portadas.

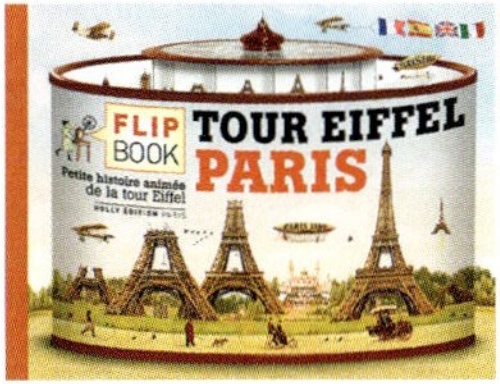

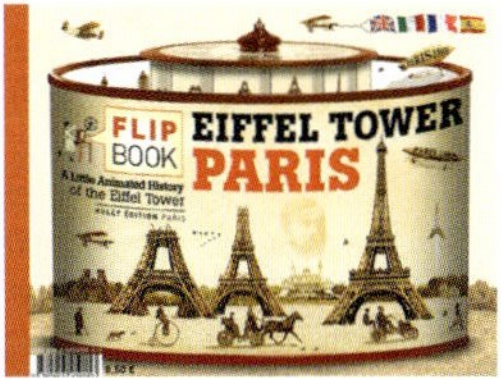

El Flip Book

El flip book, también llamado **folioscopio** o **filoscopio**, **kinetógrafo** o incluso **cine de bolsillo**, apareció en la segunda mitad del siglo XIX. Se incluye dentro de una larga lista de **"juguetes ópticos"** inventados durante ese período, que constituyen una especie de prehistoria del cinematógrafo: el **taumatropo**, el **fenaquistoscopio**, el **Zoótropo**, el **praxinoscopio,** etc.

Alcanzando gran popularidad en muy poco tiempo, el **flip book** se presenta bajo diversas formas: publicidad, juventud, dibujos animados, cine, grafismo, humor... se apoderarán de este sencillo y lúdico proceso.

Since January 1887, a wooden palisade the houses earth and foundation works of the tallest monument ever to be built at the time.

Nel gennaio del 1887 una palizzata in legno ripara i lavori di terrazzamento e di fondazioni del monumento più alto che fu mai progettato fin a quel momento.

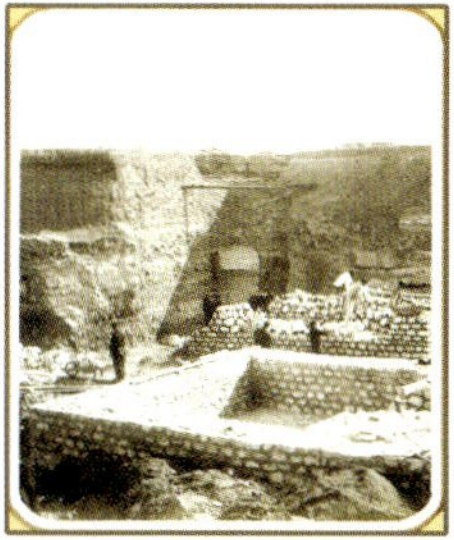

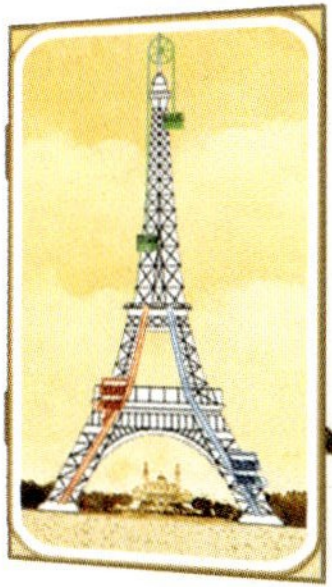

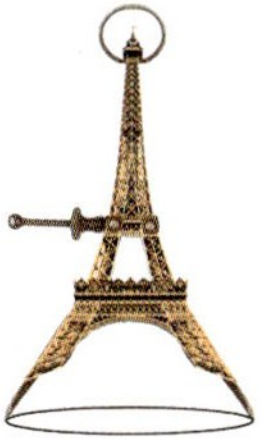

Quelques mots sur l'auteur ...

Si vous demandez à Olivier GAUTIER combien de fois il a visité la Tour Eiffel, il ne saura vous répondre précisément :
– J'ai dû y grimper des centaines de fois, et à tous les étages !
Il faut dire qu'il a été liftier à la tour, un job d'été, lorsqu'il était plus jeune.
– Le meilleur moment, c'était "la corvée hebdomadaire", qui consistait à balayer la plateforme du troisième étage, tôt le matin, avant l'arrivée des visiteurs. C'était l'été, je prenais un plaisir intense à dominer Paris, muni de mon balai, avec le sentiment exquis d'être chez moi, sur la terrasse d'un des monuments les plus célèbres au monde, que je connaissais sous toutes ses coutures !

Quelques années plus tard, l'idée est venue de ce petit livre.

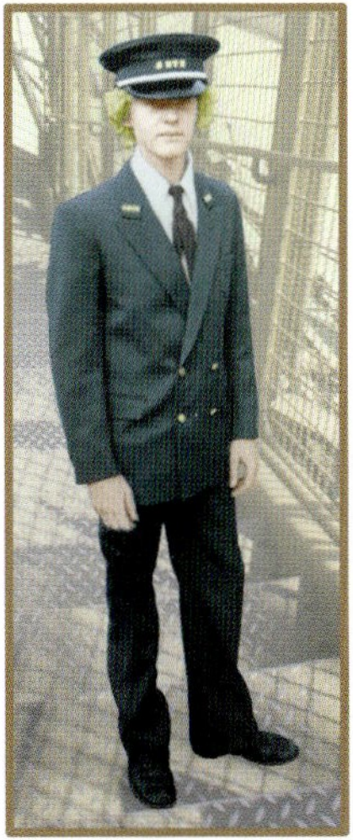

Algunas palabras sobre el autor ...

Si le preguntan a Olivier GAUTIER cuántas veces ha visitado la Torre Eiffel, no sabrá responder con precisión:

– ¡He tenido que subir allí cientos de veces y a todos los pisos!

Hay que decir que, como trabajo de verano cuando era más joven, fue ascensorista en la Torre.

– El mejor momento era la "tarea semanal" que consistía en barrer, a primera hora de la mañana y antes de la llegada de los visitantes, la plataforma del tercer piso. Era verano, me divertía mucho dominando París con mi escoba y con la exquisita sensación de estar en casa, estaba realmente en la terraza de uno de los monumentos más famosos del mundo, ¡que conocía con absoluta minuciosidad!

Unos años más tarde, la idea surgió de este librito.

48° 51’ 32’’ North
02° 17’ 45’’ East
Paris, Champ de Mars

48° 51’ 32’’ Nord
02° 17’ 45’’ Est
Parigi, Campo di Marte

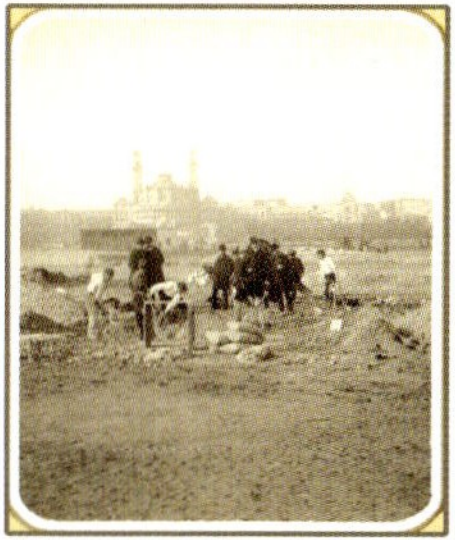

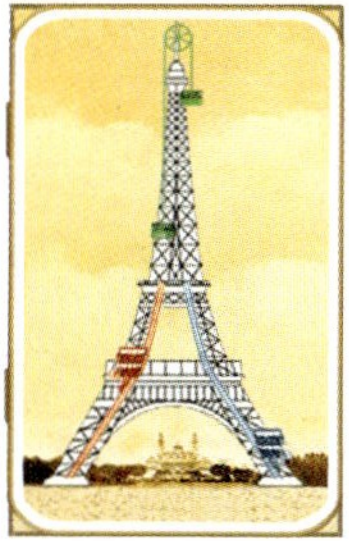

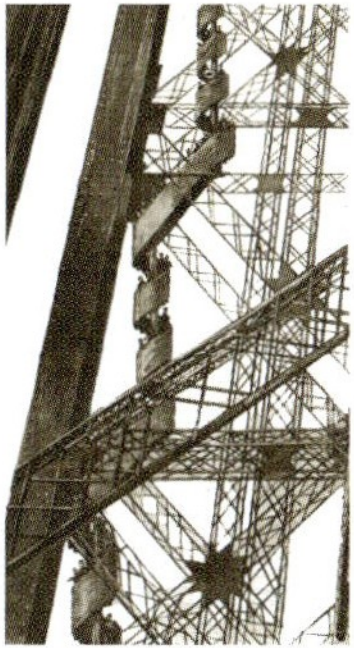

Conception et réalisation :
Diseño y realización : Olivier GAUTIER. Paris, France

Version espagnole :
Versión española : Inés RAYA. Madrid, España

HOLLY EDITION, PARIS - FRANCE
www.hollyedition.com / info@hollyedition.fr
5ème édition augmentée /Quinta edición, aumentada.
ISBN : 978-2-9534191-5-3
Dépôt légal : 1er trimestre 2020
Les images utilisées sont du domaine public.
Elles ont subi des transformations pour les besoins du livre.

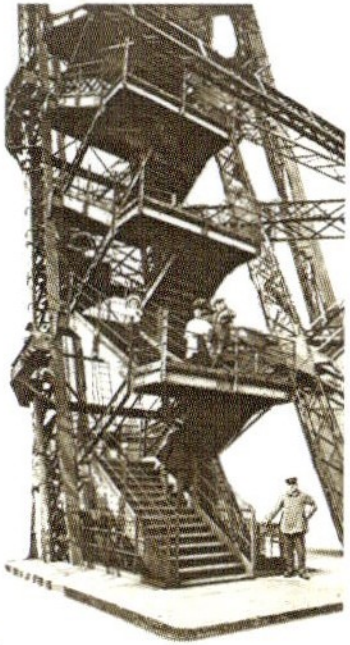

Du même auteur, dans la même collection :
Del mismo autor, en la misma colección :

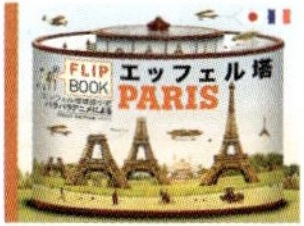

フリップ・ブックエッフェル塔
Le Flip Book de la Tour Eiffel
ISBN 978-2-9534191-6-0

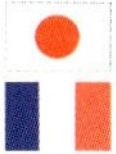

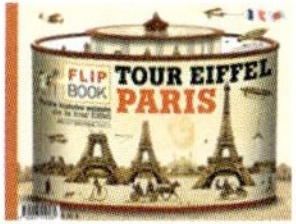

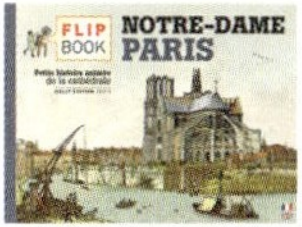

Le Flip Book de Notre-Dame de Paris
The Flip Book of Notre-Dame of Paris
ISBN 978-2-9534191-2-2

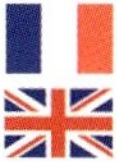

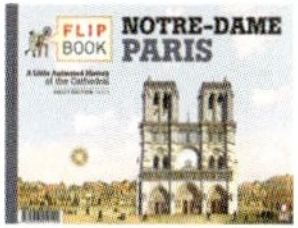

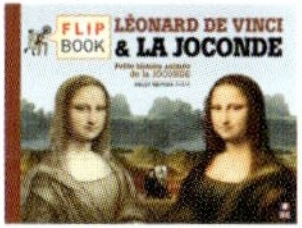

Le Flip Book de la Joconde
The Flip Book of Mona Lisa
ISBN 978-2-9534191-4-6

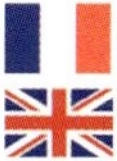

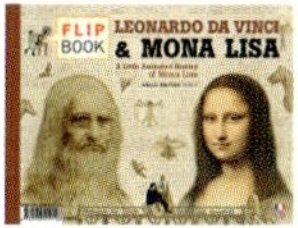

OLIVIER GAUTIER

THE FLIP BOOK OF EIFFEL TOWER

A little animated story of the Eiffel Tower

IL FLIP BOOK DELLA TORRE EIFFEL

Piccola storia animata della Torre Eiffel

II

From 1887 to the inauguration of 1889
Dal 1887 fino all'inaugurazione di 1889

De 1887 à l'inauguration de 1889
Desde 1887 hasta nuestros días

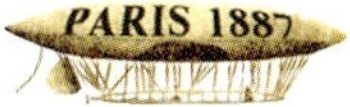

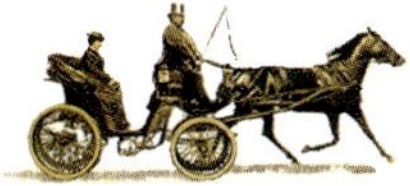

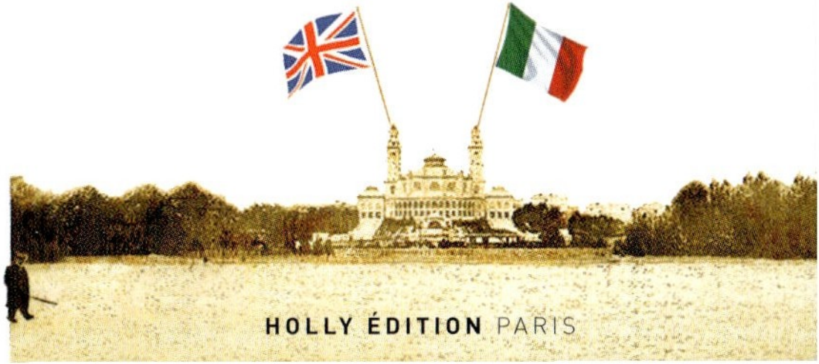

HOLLY ÉDITION PARIS